OHSAMA BUNKO

眠れないほど面白い
鉄道雑学の本

ライフサイエンス

三笠書房

はじめに……鉄道には〝不思議〟がいっぱい

日本ほど鉄道が身近な国は珍しい。飛行機に乗ったことがなくても、鉄道に乗ったことがない人は滅多にいない。鉄道は、生活に密着した身近な乗り物である。

しかし、身近なはずの鉄道に、一般には知られていない謎や秘密が驚くほどある。たとえば、最近、東京で女性専用車が導入されたが、じつはこの起源が明治時代にあった。かつての国鉄中央線で女性専用車が採用されていたのである。

さらになぜ、日本の鉄道だけがこんなに正確なのか？　だれが鉄道ダイヤをつくっているのか？　新幹線より速い世界一の列車はどこにあるのか？　日本の乗車人数が多い駅ベスト10はどこか？　寝坊ができない駅員さんはどうやって起きているのか？

そう、鉄道には〝不思議〟がいっぱい、つまっているのだ。

今回、鉄道の歴史、変わった路線・ヘンな駅、車両の秘密、鉄道に対する疑問、鉄道最新事情と、多くの事柄を調べた。

旅のお供として、鉄道入門書として、雑学として、楽しんで頂ければ幸いである。

ライフサイエンス

眠れないほど面白い鉄道雑学の本　目次

第2章

ちょっとクセある鉄道路線
鉄道に関する不思議

特集　鉄道が描く21世紀の青写真

第3章

▼▼これって信じられる？
鉄道の歴史に潜む謎の数々

第4章

▼▼よーく見ないとわからない！
車両・システムに関する不思議

第5章

▼▼知れば知るほど面白い！

変わった駅が大集合

第6章

風聞・デマ・ホンマ!?

▼▼こーんな噂が流れてる?

第1章

意外な意外な大発見！

鉄道にまつわる素朴な疑問

▽あのドラマ、あの映画で使われた駅はどこにある？

テレビドラマや映画には、全国のさまざまな駅が登場している。

たとえば、浅田次郎《あさだじろう》氏の短編小説を映画化した『鉄道員《ぽっぽや》』と、この映画の主人公の青春時代を描いたテレビドラマ『鉄道員／青春編』では、物語の舞台となる架空の終着駅「幌舞《ほろまい》」駅のロケに、北海道の南富良野《みなみふらの》町にあるＪＲ根室本線「幾寅《いくとら》」駅が用いられた。

幾寅駅は、それまで乗降客が１日平均10人ほどにすぎない小さなローカル駅だったが、１９９９（平成11）年に『鉄道員』が公開され、さらにその後『鉄道員／青春編』が放映されると、日本全国から多くの人が訪れるようになったという。

映画『男はつらいよ』では、寅さんの故郷にある京成金町線《けいせいかなまちせん》「柴又駅《しばまた》」がよく登場する。柴又駅は、瓦葺き風のいかにも下町っぽい古風な駅舎だが、１９８７（昭和62）年に改修されており、それほど古くはない。じつは、改修にあたって、京成電鉄と松竹が相談し、映画のイメージにぴったりのデザインにしたのである。

この駅は、１９９７（平成９）年に「関東の駅一〇〇選」に選ばれている。

また、このシリーズでは、柴又駅以外にも作品ごとにさまざまな駅が登場する。たとえば第５作の『男はつらいよ・望郷篇』では、ＪＲ函館本線の「銀山」駅や「小沢」駅が登場した。

テレビドラマがもとでデートスポットになった駅もある。１９９１（平成３）年に放送されて大ヒットしたドラマ『東京ラブストーリー』の最終回で、主人公のカップル・リカと完治の別れのシーンに登場した愛媛県の伊予鉄道高浜線「梅津寺《ばいしんじ》」駅だ。

ここは、以前は地元の行楽客が訪れるだけの小さな駅だったが、ドラマ放映後、カップルや若い女性グループでにぎわうようになった。再放送があると、過去に訪れたファンが再来訪するなど、最初の放映からずいぶん経っても、人気は根強いようだ。

▼なぜ、ミステリーには鉄道が使われるのか？

ミステリーには、海外でも日本でも鉄道を扱った作品がずいぶん多い。古典的な作品をみても、海外では１９３４（昭和９）年にアガサ・クリスティの『オリエント急

『行殺人事件』が発表され、日本では1957（昭和32）年から松本清張氏の『点と線』の雑誌連載がはじまるなど、早くから名作が登場。今日では、鉄道ミステリーは小説の人気ジャンルの1つとなっている。

どうしてミステリーには、こんなに鉄道モノが多いのだろうか?

まず、鉄道では、停車駅から次の停車駅までの区間、車内が密室状態になる。とくに新幹線のように、ノンストップで走る時間の長い列車は、走る密室といってもいい。もちろん、『オリエント急行殺人事件』のように、大雪などのために乗員乗客が車内に閉じこめられた状態で列車が止まった場合も、やはり密室状態だ。

この密室のなかで殺人事件が起こったり、人が忽然《こつぜん》と姿を消したり……というのは、ミステリーの魅力的な題材の1つで、これまでにいくつもの名作が発表されている。

また、とくに日本の鉄道の場合、列車がダイヤ通りに運行されるので、アリバイモノによく使われる。犯人は時刻表を調べて、「自分は犯行時刻にこの列車に乗っていた」など鉄道をうまく利用したアリバイをでっち上げ、捜査側の刑事や名探偵などが、時刻表とにらめっこをしたり、現場に出かけるなどして、アリバイの穴を見破るのだ。

この鉄道を使ったアリバイモノも、『点と線』を先駆に、数多くの名作が登場した。

ミステリーの醍醐味はやはりトリックにあるが、鉄道はこのように、密室トリックやアリバイトリックに格好の題材を提供してくれる。

それに、ミステリーと鉄道には大きな共通点がある。

鉄道では、始発駅から終着駅に向かって列車が走るが、ミステリーも、一部の例外をのぞいて、謎から出発し、結末に向かってストーリーが進んでいく。ミステリーと鉄道は、なんとなく似ていて、相性がいいように思える。

これも、ミステリーに鉄道がよく登場する一因ではないだろうか。

コラム　これは絶対、面白い！　鉄道ミステリーベスト5

鉄道ミステリーの傑作は数多いので、ぜひとも読んでおきたい。

古典的な名作『オリエント急行殺人事件』と『点と線』はあまりにも有名だし、本文でも取り上げたので、それ以外から名作を5つ選んで紹介してみよう。

まず、1978（昭和53）年に発表した『寝台特急《ブルートレイン》殺人事件』で鉄道ミステリーブームをつくり出した西村京太郎氏には、十津川《とつがわ》警部を主人公とする鉄道ミステリーの名作がたくさんある。その1つ『寝台特急あかつき殺人事件』は、十津川警部のかつての部下で私立探偵となった田辺が、依頼人の嫁とともに寝台特急あかつき3号で佐世保《させぼ》に向かっている間に、殺人事件の容疑者にされてしまう。「あかつき」を主要舞台にしたアリバイトリックがカギとなる話だ。

西村氏と並ぶ鉄道ミステリーの大御所・鮎川哲也《あゆかわてつや》氏にも、鉄道を使ったアリバイトリックの傑作が数多い。

たとえば、短編傑作選『下り〝はつかり〟』所収の表題作は、殺人事件の容疑者が、鉄橋を渡る青森行きの「はつかり」をバックに写した自分の写真でアリバイを主張し……という話で、意外なトリックが使われている。

ベストセラー作家・赤川次郎氏も、じつはデビュー作は鉄道ミステリーだ。連作短編集『幽霊列車』の巻頭の表題作が赤川氏のデビュー作で、ローカル列車からの人間消失を題材にした傑作だ。

また、さまざまな作家の鉄道ミステリーの傑作を集めた短編集もお勧めだ。

たとえば、山前譲氏編の『鉄道ミステリー名作館　全席死定』には、「ひかり」で主婦が殺され、容疑者の夫は殺害時刻に「こだま」に乗っていたというアリバイが……という津村秀介氏の『鉄橋　ひかり157号の死者』、クリスティの名作をパロった芦辺拓氏の『そしてオリエント急行から誰もいなくなった』などが所収されている。

海外作品では、フリーマン・クロフツの『列車の死』が面白い。第二次世界大戦中の軍用列車転覆計画やナチスとのスパイ合戦がからむ話で、1946（昭和21）年の作品だが、当時の鉄道の専門的知識を駆使して書かれており、今日でもじゅうぶん楽しめるだろう。

▽オリエント急行とはどのような列車なのか？

アガサ・クリスティの名作『オリエント急行殺人事件』をはじめ、いくつものミステリー小説や映画の舞台となったのが、ヨーロッパとオリエントを結ぶ豪華寝台車「オリエント急行」である。

しかし、一口に「オリエント急行」といっても、路線は1本ではない。

1883年に国際寝台車会社（ワゴン・リ社）がはじめて開通させたオリエント急行は、パリ～イスタンブール間というルートながら、豪華な個室寝台車で行けるのはドナウ河畔のジョルジウまでで、そこから小舟・ローカル列車・船と乗り換えてイスタンブールに到着した。

その後、1889年にパリ～イスタンブール間を直通列車が走るようになり、1920年には、元祖オリエント急行とは違うルートでパリ～イスタンブール間を結ぶ「シンプロン・オリエント急行」が登場した。さらに「アールベルク・オリエント急行」や「オステンデ・ウィーン・オリエント急行」という2本のオリエント急行や、オリエント急行と周辺国を結ぶ何本かの姉妹線もつくられた。

多くの王侯貴族、外交官や高級官僚、大富豪などが、これらのオリエント急行で旅をした。クリスティが『オリエント急行殺人事件』を書いたのも、このようなオリエント急行全盛期の1934年である。

この作品では、雪で足止めされたオリエント急行の車内で殺人事件が起こるが、オリエント急行の列車が15日間も大雪に閉じこめられるという事故は、1929年に実際に起こっている。さらに、この作品よりかなりのちのことであるが、1950年に、なんと本当の殺人事件まで発生している。アールベルク・オリエント急行でパリに向かう途中だったアメリカの海軍大佐が、トンネルのなかでバラバラ遺体で発見され、自殺か他殺かもわからないまま迷宮入りになったのだ。

やがて飛行機旅行が一般的になるとオリエント急行の乗客は減り、１９７７年、オリエント急行はついに運行を停止した。だが、１９８２年、かつてのシンプロン・オリエント急行のうちのパリ～ベニス間にロンドン～パリ間をつないだ「ベニス・シンプロン・オリエント急行」として復活。クリスティを描いた映画『アガサ』のロケに用いられた車両をはじめ、かつてのオリエント急行の車両がいまも活躍している。

▽『深夜特急』が日本人に与えた影響とは？

海外旅行の体験記は数多く出版されているが、なかでも大きな反響を呼んだのが、沢木耕太郎氏の『深夜特急』だ。著者が26歳のとき、デリーからロンドンまで乗り合いバスを利用してユーラシア大陸を放浪する旅に出立し、２万kmに及ぶ長い旅の間のできごと、出会った人々など、旅のドラマをつづった大作の旅行記だ。

この旅行記は、『深夜特急1　香港・マカオ』『深夜特急2　マレー半島・シンガポール』『深夜特急3　インド・ネパール』『深夜特急4　シルクロード』『深夜特急5　トルコ・ギリシャ・地中海』『深夜特急6　南ヨーロッパ・ロンドン』の6分冊になって刊行されている。

『深夜特急1　香港・マカオ』の巻末の対談にも書かれていることだが、沢木氏が旅行した約30年前、香港といえば団体旅行などでいくところで、若者が「旅」としていく場所とみなされていなかった。

今日でも、香港旅行はショッピングが目的という人も多い。そんなイメージを持っている人がこの本を読めば、ずいぶん新鮮に感じるのではなかろうか。

注意深くなければ、気にとめずに通り過ぎてしまいそうな旅の途中のできごとに、著者がさまざまなドラマを見いだしてつづっているのも、本書の大きな魅力だろう。

この『深夜特急』に影響を受け、ツアーなどの一般的な海外旅行ではなく、バックパックを背負って海外を放浪する旅に出かけた日本人は多い。『深夜特急』は、ほとんどバックパッカーの聖書といってもいいほどである。海外の安宿には、彼らバックパッカーたちが残していった『深夜特急』が、よく置いてあるという。

駅の売店をなぜ、「キヨスク」と呼ぶ？で、「キヨスク」ってどういう意味？

ＪＲの駅ですっかりおなじみの「キヨスク」は、かつては「鉄道弘済会駅売店」という堅苦しい名称だった。これは、鉄道員の福祉のために設立された団体である。

かつての鉄道員の仕事は危険なものが多かったので、仕事で亡くなる人やケガのために退職する人が出る。そうした人や家族の生活救済のために同会が駅に売店を設け、そこで雇用して生活できるように配慮したのである。

鉄道弘済会駅売店が「キヨスク」になったのは、１９７３（昭和48）年である。鉄道弘済会の創立40周年を記念し、もっと現代的な名前に変えようとしたのだ。

新しい名称を決めるためにキャンペーンを行ない、「ＫＩＯＳＫ」「グリーン・ショップ」「ユアメート」の３つが候補に残ったが、結局「ＫＩＯＳＫ」に決定。

このネーミングの語源は、トルコ語で「あずまや」を意味する「キウシュク」だ。さらにその語源はペルシア語で「宮殿」を意味する「コーシュク」といわれている。

「ＫＩＯＳＫ」を「キヨスク」と読ませるのは、「清く」「気安く利用して」の意味合

ＪＲの駅には欠かせない存在のキヨスク

いからだという。

じつはヨーロッパにも「キヨスク」とか「キオスク」と呼ばれる売店がある。

ヨーロッパでも、トルコ語の「キウシュク」を語源に、駅や広場などの売店を「キヨスク」とか「キオスク」と呼ぶようになったのだ。

そのため、じつは、キヨスク誕生以前の鉄道弘済会駅売店時代から、国鉄の案内標識の英訳には、「ＫＩＯＳＫ」と表示されていた。

在日外国人たちはそれを見慣れていたはずだから、「鉄道弘済会駅売店」が「ＫＩＯＳＫ」に変わっても、改称されたと気づかなかったのではないだろうか。

▽少子高齢化で電車の混雑はなくなるのか

首都圏をはじめ各都市の通勤電車の混雑ぶりは、朝の定番の光景となっている。この電車の混雑については、具体的なデータがある。国土交通省が１９５５年から主要区間の混雑率の統計を取っているのだ。

同省の調べによると、通勤電車の混雑はここ最近緩和されてきているという。このことは、各地域のラッシュ時1時間の平均混雑率でも明らか。１９７５年は東京圏で２２１％、大阪圏で１９９％であったのに比べ、２００３年には東京圏１７１％、大阪圏１３７％に下がっている。

たしかに、東京圏では中央線快速（中野〜新宿間）などのようにいまだ２００％を上回る路線もあり、利用者が認識するほどではないが、全体的に減少傾向であることはたしかなようだ。

この背景には、鉄道会社の輸送力向上への努力、フレックスタイム制の推進・定着が功を奏していることもあるが、昨今問題となっている少子高齢化も影響している。

1995年に6348万人だった通勤・通学者は、2000年には6211万人と137万人減少。とくに通学者は889万人から791万人と98万人も減っているのだ。

今後訪れるさらなる少子高齢化社会の鉄道への影響を試算してみると、15〜64歳人口の減少により、東京圏での通勤電車の混雑率は、1998年度の183%から2025年度には152%へ31%ポイント低下するという。

これは少子化が混雑緩和をもたらしている証拠といえよう。

これに加えて、高齢者が公共交通を利用する機会が増えると予想されるため、他の交通機関との共通ICカード乗車券やバリアフリーのインフラ整備など、高齢者にとって使いやすいサービスの試みが始まっている。

少子高齢化のおかげで、電車の利用はお得度が高くなりそうだ。利用者としてはうれしい傾向といえよう。

とはいえ、利用者が減り続ければ、鉄道を維持するために運賃の引き上げや運行本数の減少の可能性も考えられる。少子高齢化の影響は、ラッシュの改善をはじめとして、鉄道業界にもさまざまな影響を与えているのだ。

コラム　混雑率150%って、どのくらい？

自動車でも飛行機でも定員以上の人間が乗ることは許されないが、鉄道には、定員以上の乗客を乗せてはならないという規則がない。

それなら定員の意味がなさそうな気もするが、この「定員」とは何なのか？

新幹線や長距離特急列車は座席の数が定員だが、通勤電車の定員は、JIS（日本工業規格）の「JIS　E7103　通勤用電車の車体の設計通則」により、座席定員と立席定員の和と定められている。

座席定員は座れる人数なので、大きな問題はない。そして、立席定員は、やはりJISで、「座席用の床面及び座席前縁から250㎜の床面を除いた客室床面のうち、有効幅550㎜以上で有効高さが1900㎜以上確保できる床面の面積を、乗客1人当たりが占める広さ（原則0・3㎡）で除した数とする」と定められている。

つまり、全座席に人が座り、立っている人が1人平均0・3㎡ほどのスペースを確保できる状態が、定員の人数が乗った混雑率100%の状態ということだ。

これだけではわかりにくいが、混雑率100%については、乗客全員が、「座席につくか、吊り革につかまるか、ドア付近の柱につかまることができる」状態といえばいいだろうか。これならカーブなどで電車が揺れたときにもよろける人はなく、ほかの人と体が触れ合うこともない。座れなくてもけっこう快適に乗ることができる。

さらに、新聞を広げて読める場合は150%、折り畳むなどムリすれば新聞を読めるときは180%、体が触れ合い相当圧迫感があるが、週刊誌程度なら何とか読める時には200%、電車が揺れるたびに体が斜めになって身動きできず、手も動かせない場合は250%となる。

具体的な人数では、山手線や中央線、東海道線、大阪環状線（以上、すべてJR）などで用いられている通勤電車の運転台のない車両の場合だと、定員は144人とされている。これに288人乗れば混雑率200%となるわけだ。

クロスシートが中心の中距離列車では、定員は通勤電車より少なく、1車両120人ほどである。

国土交通省では、2015（平成27）年までに、ラッシュ時の通勤電車の混雑率を180％以内にするという目標を掲げている。

混雑率180％は、定員144人の車両なら259人乗った状態で、「体に触れ合うが新聞は読める」程度だという。ニュースなどで混雑率ときいたら、その電車に乗っている人数や乗客の乗り心地を考えてみるのもいいかもしれない。

▼なぜ、プロ野球に鉄道会社が多かったのか？

日本の鉄道と野球には、意外なほど深い関係がある。

最初に、野球を日本に紹介したのは、ホーレス・ウィルソンら外国人だが、1878（明治11）年に新橋鉄道局に勤めた平岡凞《ひろし》の貢献も大きかった。

彼は、アメリカ留学中に野球を覚え、新橋鉄道局に入るとすぐ、日本初の野球チーム「新橋倶楽部（愛称アスレチッククラブ）」をつくった。その影響で、数年後には駒場農学校やいくつかの大学の学生たちが野球をするようになった。

さらに、のちの日本プロ野球の創立にも、鉄道業界が大きく関わっている。

読売新聞の社長・正力《しょうりき》松太郎の尽力で日本職業野球連盟が発足したのは1936（昭和11）年。しかし、それより13年も前の1923（大正12）年に、阪急電鉄の創業者・小林一三が、「電鉄会社各社が自社の野球チームと専用のグラウンドを持ち、リーグ戦を開くことによって沿線の振興をはかる」という電鉄リーグの構想を発表しているのである。

このときの小林一三の計画は、他社が同調しなかったために立ち消えになったが、日本職業野球連盟が発足すると、阪急電鉄は、大学野球の大物選手たちを迎えてリーグに参加している。1935（昭和10）年、阪神電鉄がタイガースを結成すると、一躍、人気球団となり、巨人・阪神戦がプロ野球草創期の目玉試合となっていった。

まもなく南海電鉄もプロ野球に加わり、9球団のうち、3球団が電鉄系という状況になった。

戦後になって1950（昭和25）年にセントラルとパシフィックの2リーグ制となると、電鉄会社が次々にチームをつくった。セ・リーグでは阪神のほかに国鉄がつくった国鉄スワローズがあり、パ・リーグでは、阪急、南海、東急、西鉄、近鉄と、7球団中5球団が電鉄系となったのだ（参考までに2リーグ制直後は、セリーグに8球団、パリーグに7球団の計15球団があった）。

だが、半世紀の間に、南海はダイエーを経て、ソフトバンクホークス、阪急と近鉄はオリックス、国鉄はヤクルトスワローズとなり、東急は東映、日拓ホーム、日本ハム、北海道日本ハムと転々とし、電鉄系の球団は阪神と西武だけになってしまった。

西武は、ほかの電鉄系球団より遅れて1978（昭和53）年にプロ野球に乗り出した。西武球場への足として西武狭山《さやま》線を充実させ、一時はプロ野球最強チームともなったが、現在、身売りしそうな気配もみせている。

鉄道と野球に深い関係のあった時代はどうやら過去のものとなってしまったようだ。

コラム

プロ野球から遠ざかった鉄道会社と映画会社

1950年のパリーグでは、7球団中5球団までを鉄道会社が持っていたと紹介したが、プロ野球の球団所有企業を見ることで時代の流れが見えてくる。

たとえば、面白いのは映画会社。かつて、松竹、東映、大映と3社の映画会社がプロ野球を所有していたのだ。日本映画の興隆が感じられる。

昨年はＩＴ関連企業であるライブドア、ソフトバンク、楽天が名乗りをあげ、ソフトバンクと楽天が球団を保有した。企業の寿命は30年という有名な言葉があるが、プロ野球を見れば、日本経済がわかるのかもしれない。

▼「Ｓｕｉｃａ」・「ＩＣＯＣＡ」は、これからどうなるのか？

ＩＣカード型乗車券として登場したＪＲ東日本の「Ｓｕｉｃａ《スイカ》」とＪＲ西日本の「ＩＣＯＣＡ《イコカ》」が、最近、次世代電子マネーとしても注目されている。

「Ｓｕｉｃａ」には、従来のイオカードを進化させた「Ｓｕｉｃａイオカード」と、それに定期券の機能を合わせた「Ｓｕｉｃａ定期券」、「ＩＣＯＣＡ」には乗車券の「ＩＣＯＣＡ」と定期券の機能を合わせ持つ「ＩＣＯＣＡ定期券」があり、それぞれクレジットカードと同サイズのＩＣカードになっている。

Ｓｕｉｃａマークのある自動券売機や自動精算機などでカードに上限２万円まで入金でき、改札機を通るときに自動精算されるので、毎回切符を買ったり、精算する必要はない。

　最初にカードを買うときには預かり金500円が必要だが、カードを返却するときに預かり金は返金される。

　これまで「Suica」はJR東日本の首都圏エリアと仙台エリア、「ICOCA」はJR西日本の大阪近郊エリアに限られていたが、いまではどちらもこの3つのエリアのどこででも使える。ただし、各エリアをまたがって使うことができない。

「Suica」をJR西日本で使ったときや「ICOCA」をJR東日本で使ったときには、送信された情報にもとづき、JR東日本とJR西日本の間で振込みと精算が行なわれる仕組みだ。

　この「Suica」と「ICOCA」は、乗車券や定期券として使うだけでなく、用途もどんどん広がっている。

　駅構内のコンビニや販売店などで、商品購入代金の支払いカードとして、使える店が増えてきているのだ。さらに2004（平成16）年秋から、コンビニのファミリーマートとの提携により、首都圏の10店舗で電子マネーとして試験的に使えるようになり、首都圏と仙台周辺での本格導入が計画されている。

そのうえ、JR東日本とNTTドコモとソニーの3社提携により、携帯電話の通信機能を使って、自動的に入金したり、定期券を買ったりできる「モバイルSuica」の計画もあり、2006（平成18）年1月の実現をめざしている。

こうして「Suica」や「ICOCA」がどんどん進化すれば、次世代電子マネーの先駆けになりそうだ。

▽東京モノレールにJRとの割引切符があるのはなぜ？

東京モノレールは、東京オリンピックの観客輸送のために1964（昭和39）年につくられた。同じ目的でつくられた東海道新幹線より2週間ほど先輩で、実用的な跨《こ》座《ざ》式モノレールとしては世界初だった。

2004（平成16）年、東京モノレールから土日・祝日限定で山手線内の全JR駅まで片道500円という割引切符が発売された。

JRグループ同士や都営地下鉄と東京メトロなどを例外として、日本では複数の鉄道会社を利用する場合、それぞれの合算運賃を支払わなければならず、複数の鉄道会社を経由する割引切符が発売されるケースは非常に少ない。

では、なぜ、東京モノレールにＪＲとの割引切符があるのだろうか。

それは、ライバル出現とＪＲ東日本による子会社化が原因だ。

東京モノレールは、開業以来、日立系列の会社が運営し、長らく羽田空港への唯一の公共交通として繁栄を誇っていた。

だが、１９９８（平成10）年に京浜急行が羽田空港に乗り入れると、乗客が減りはじめた。そこで京浜急行に対抗するため、所要時間を短縮したり、運転間隔を短くしたりと工夫したが、なかなか乗客減に歯止めをかけるのは難しかった。

そんな競争に疲れたのか、２００２（平成14）年、日立はついに手を引き、経営権をＪＲ東日本に譲ったのである。

新しい経営者となったＪＲ東日本は、モノレールに乗った乗客の約８割が浜松町駅で山手線に乗り継ぐという特性を活かして、浜松町駅に階段のない連絡通路をつくった。さらにＪＲ東日本の「Ｓｕｉｃａ」やＪＲ西日本の「ＩＣＯＣＡ」を使えるようにした。モノレールとＪＲの割引切符は、その一環として売り出されたものだったわけだ。

▽湘南新宿ライン誕生で始まった、時間短縮競争！

首都圏では、2001（平成13）年12月の「湘南新宿ライン」登場以来、JRと私鉄の競争が激化している。

湘南新宿ラインが登場といっても、新しい路線が建設されたといった話もなく、どのような路線なのか、はっきりせず、どこか漠然とした印象を持つ人も多いのではないだろうか。

それもそのはず、「湘南新宿ライン」は既存路線を組み合わせて運行しているだけで、新しい線路がつくられたわけではなかったのである。

湘南新宿ラインは宇都宮線・高崎線・山手線・東海道本線・横須賀線といった既存の旅客路線と、一部、貨物線を活用してつくられた路線で、その愛称として、「湘南新宿ライン」と呼ばれているだけなのだ。とはいえ、この路線の開通により、前橋、高崎、宇都宮といった北関東の都市と鎌倉、藤沢、小田原といった南関東の都市が、新宿経由の直通列車で結ばれたことになる。

この強力なライバル出現に驚いたのが、渋谷〜横浜間でＪＲと競争していた東急である。

それまで、渋谷から横浜に行く場合、品川で乗り換えなければならなかったＪＲに対して、乗り換えなしに直通する東急が便利で優勢だった。しかし、湘南新宿ラインによって、渋谷どころか新宿まで直通電車が走るようになり、ＪＲの利便性が格段にあがってしまったのだ。東急はこの逆転の危機に対し、特急を新設し、渋谷〜横浜間を31分から26分に短縮した。

また、湘南新宿ラインによって、小田原までの直通電車が走るようになると、新宿〜小田原間を走る小田急とも競争になる。そこで、小田急は新宿〜藤沢間を62分から53分に短縮させて対抗した。

さらに、ＪＲは２００４（平成16）年秋のダイヤ改正時に、線路の改修によってスピードアップを行ない、同時に、「Ｓｕｉｃａ」をもとにした「グリーン車Ｓｕｉｃａシステム」を導入した。

この改正で、開通時には約２・５万人だった利用客が、約13万人に急増したという。今後もＪＲと私鉄の熾烈な競争はつづいていくことだろう。

▽なぜ、日本の鉄道だけが時間に正確なのか？

外国から日本にきた人は、鉄道ダイヤの正確さに驚くという。

日本では、列車が1分遅れれば「遅延」とされ、大都市圏の電車や新幹線などが10分程度遅れたのが新聞やテレビのニュースになっていたりするが、世界のほとんどの国では、10分程度の遅れを「遅延」とはいわない。

どうして日本の鉄道はこんなに正確なのか？

まず、欧米と日本の鉄道の大きな違いとして、設備容量の違いと輸送需要の差があげられる。ヨーロッパやアメリカでは、ホームの数や通路の広さなど、駅の設備が大きく余裕がある。そのため、列車が多少、遅れても大きな問題にはならないが、少ない設備で大量の乗客をさばかなければならない日本では1分2分の遅れが全体に波及するため、必然的に定時運行を行わなければならなかったのだ。

また、世界には、鉄道が正確でなければ困る国もあれば、困らない国もある。

極端な話、鉄道を日常的に利用している人がめったにいないような国なら、そもそも列車を正確に運行しようとは考えない。

日本の場合、大都市圏では、大量の通勤客が頻発する列車で郊外から都心部に移動するので、ラッシュ時に列車が数分も遅れれば、ホームが大混雑する。

人口密度や生活スタイルから、鉄道の正確さが要求される社会になっているのだ。

そのため、正確さを保つために、さまざまな工夫がされている。

まず、正確な運行のために必須なのが、ダイヤの余裕だ。ラッシュ時だからといって、運転間隔や列車の速度などを限界ぎりぎりにしてダイヤを組むと、事故はもちろん、乗客の乗り降りにいつもより時間がかかったといった些細なことでも、ダイヤの乱れにつながってしまうだろう。

だから、列車のダイヤは、たとえ2分間隔や3分間隔の高密度運転の場合でも、じつは間隔に最低限の余裕はとっているし、大型の台風が近づいているなど、遅延が起こりそうなときには、前日から発表して間引き運転をすることもある。

各駅間を走行するときも、遅れたときに速く走って遅れを取り戻せるよう、余裕をみてダイヤが組まれている。

運転士は、自分が運転している列車が遅れたとき、「回復運転」といって、いつもよりスピードを上げて、できるだけダイヤ通りの時間に近づける。

また、東京の山手線では、遅れが出たとき、環状運転という特性を利用して、「延発整理」という方法を用いる。

ダイヤ上の列車を何本か運休させ、運行中の列車は駅で一定時間停車させて時間調整すると、環状運転なので、しばらくするとダイヤ通りになるというわけだ。

▼絶対に寝坊できない駅員さんが使っている音が鳴らない「目覚まし」って？

鉄道には正確な運行が求められるので、発車の遅れは許されない。では、不規則な生活になりがちな運転士や車掌はどうやって起きているのだろうか？

昔は、乗務員の宿泊所に「起こし番」と呼ばれる係がいて、それぞれの乗務員を起床時間に起こすのが一般的だった。起こし番のいない宿泊所では、目覚まし時計を用いて、先に起きた人が次に起きる人のために目覚ましをセットしなおしていた。

しかし、今日ではもっと進んでいる。ＪＲ東日本の乗務員は、「自動起床装置」なるユニークな目覚ましを使用しているのだ。

この装置は、敷布団の下の背中あたりに空気袋を入れ、起床時間をセットしておくと、設定時間に送風機から空気袋に空気が送り込まれる。送風機は7秒間隔で送風と停止を繰り返し、それにともなって空気袋が膨《ふく》らんだり縮んだりする。

すると、体が持ち上げられたり、下ろされたりする。空気袋の膨らみは、はじめは小さいが、繰り返すうちにだんだん大きくなっていく仕組みなので、なかなか起きずにいると、体の上がり下がりがどんどん激しくなっていく。

最も大きく膨らんだ状態で、空気袋は約20㎝にまで達し、体は弓なり状態となる。これではとても眠っていられない。

この装置だと、ふつうの目覚まし時計と違って音が鳴らないので、まだ眠っていてもいい人を起こしてしまう心配はない。

深夜や早朝の電車に乗る運転士や車掌は、就寝時間も起床時間もまちまちなので、ふつうの目覚まし時計ではなかなか目覚めず、一晩中ベルが鳴りっぱなしなんてことになると、みんなが寝不足になってしまう。そこで、この音の鳴らない目覚ましが重宝されるのである。

それに、ふつうの目覚まし時計なら、ベルを止めて二度寝してしまう人がいたり、先に起きる人が次に起きる人の目覚ましをかけ忘れたりして、寝過ごす人も出そうだが、この自動起床装置ならその心配がない。

実際、自動起床装置を導入してから、寝過ごした人はだれもいないそうである。この自動起床装置は、評判が広まったため、一般にも市販され、好評だそうだ。

▼毎日、何トンも出る使用済みの切符はどうしているのか？

電車の切符は小さいが、毎日の乗客は膨大なので、回収される切符の量はバカにならない。毎日何トンも出る古い切符は、そのあと、どうなっているのだろうか？

回収された切符は、利用客の動向などを調べるために専門の部署でチェックされたあと、さまざまなものに再生利用されている。

たとえば、JR東日本では、再生利用できるものを分別して、駅や列車内のトイレットペーパー、段ボール、名刺などに再生している。再生率はじつに約96%にものぼるという。

使用済み切符を再利用する鉄道は、ほかにもいくつかあるが、なかにはもっと変わり種の再利用をしている鉄道会社もある。

　ＪＲ西日本の場合、使用済み定期券は名刺用紙にと、わりあいふつうの再生利用だが、切符のほうはユニークだ。

　専門の業者に回収されたあと、リサイクルされ、なんと住宅などの外壁材に再利用しているのである。

　また、京王電鉄では、使用済みの切符や定期券などを用いて、駅のベンチに再生している。ベンチ１基あたり定期券１０００枚と廃プラスチック材を混ぜてつくっているのだ。

　使用済み切符のリサイクルは、かつては磁気面がネックになっていたのだが、磁気面を効率的にはがす機械が開発されたので、このように再生利用がさかんになった。

　また、京都市営地下鉄では、使用済み切符を高温で焼いて、冷蔵庫の消臭剤「切符《きっぷ》炭《ずみ》」をつくり、通信販売などで全国に販売している。

　このほか、使用済み切符で植木鉢をつくる機械も登場した。使用済み切符２５０枚と水を入れて２〜３分待つだけで、植木鉢ができるのだ。切符の磁気が植物の生長を促進するという研究発表もあって、注目されているそうである。

▽女性が描いた鉄道マンガ『鉄子の旅』が流行るのはなぜ?

最近、マンガ家の菊池直恵さんとトラベルライターの横見浩彦さんによる鉄道マンガ『鉄子の旅』が大流行りしている。

鉄道に興味のない女性マンガ家・キクチが、出版社の編集者に「トラベルライターと旅するマンガを描きませんか?」といわれ、おいしい食べ物やお酒を期待して引き受けたところ、「究極の鉄道好き」というライターのテツによって、やたらマニアックな旅に連れまわされる……という、ほぼノンフィクションのマンガである。

彼らの旅といえば、千葉県のJR久留里《くるり》線で1日に13の全駅に下車するとか、130円の切符で1都6県を大回りするとか、東京から鹿児島まで2泊3日かけて鈍行で旅するなど、鉄道マニアなら「自分もやってみたい」と思いそうだが、鉄道にそれほど興味がなければうんざりしてしまいそうな旅ばかり。

鉄道マニア好みの旅程が細かく描写されていることに加え、テツのいかにもオタクといった情熱とキクチのまっとうなツッコミが笑える。

これが鉄道マニア同士の旅なら、マニアは興味深く読んでも、多くの人はそっぽを向くだろう。だが、作者は鉄道に興味を持たないふつうの女性で、駅弁だけを楽しみに、いやいやテツの旅につきあい、ふつうの人の視点からみたツッコミを入れる。そうこうするうちに、文句をいいながらも、少しずつテツに染まっていく……。

取材もののノンフィクションのマンガには、「すごい、すごい」とやたらに持ち上げるものも多いが、このマンガの主人公・キクチの反応はいたって正直だ。それが、鉄道マニアだけでなく、それほどマニアでもない多くの読者の笑いを誘ったり、共感を呼ぶのではないだろうか。

▽地下鉄銀座線には使われていない幻のホームがある！

渋谷から銀座を経て、浅草へと結ぶ東京メトロ銀座線は、日本初の地下鉄である。その新橋駅には今は使われていない幻のホームがあることをご存知だろうか。

なぜ、新橋駅に幻のホームがあるのか——。それは設立当時、銀座線が2つの会社によって敷かれたものであり、当初にすったもんだがあったことが原因だ。

現在の銀座線は、東京地下鉄道という会社が、1927（昭和2）年に浅草～上野間で開通させたものだ。品川までの免許を持っていた同社は、現在の御成門《おなりもん》や芝園橋を通り、三田《みた》に向かう計画だった。神田や京橋、銀座などを通り、1934年（昭和9）には新橋に到達している。

当時、東京地下鉄道以外に、地下鉄網の免許を持っていたのは東京市だった。東京市は市営地下鉄建設を目指していたのだが、財政難のため、なかなか着手できない。そんな同市から免許の一部を譲り受けて、新たに地下鉄敷設に参入してきたのが、東京高速鉄道である。この会社は、渋谷～虎ノ門間に地下鉄を建設する。そして東京地下鉄道へ直通運転を行なおうと考えたのだ。

しかし、あくまでも南への延伸にこだわった東京地下鉄道は、東京高速鉄道の申し出を拒否。散々もめた挙句、1935（昭和10）年になって双方の会社は直通運転を行なう協定を結ぶと、翌年、新橋駅の改装設計に関して契約を取り交わしたのである。

しかし、協定は交わしても、東京地下鉄道は自社の進めたい延伸計画ばかりを優先した。資金問題から京浜電気鉄道と組み、連絡のための設備の変更手続きになかなか着手しなかった。そこで業《ごう》を煮やした東京高速鉄道は、東京地下鉄道の新橋駅に隣接する形で、新たな新橋駅を建設したのである。乗客は、浅草〜渋谷間を利用する場合、新橋駅で一度改札を出てから乗り換えるという不便を強いられることとなった。

その後、数々の会社の買収を行なってきた東京高速鉄道は、株の買収によって東京地下鉄道をねじふせようとしはじめる。こうした泥沼状態を憂慮した当時の鉄道省は解決に乗り出し、東京地下鉄道側に直通運転を命じた。その結果、1939（昭和14）年9月に浅草〜渋谷間に直通電車が走るようになったのだ。

このとき、東京高速鉄道が建設した新橋駅はわずか8か月の役目を終えて、人々の前から姿を消したのである。新橋駅の幻のホームは、1997（平成9）年に銀座線開業70周年イベントではじめて一般に公開された。現在もこどもの日などに限定イベントとして、公開が行なわれている。

飛行機より高い「トワイライトエクスプレス」の人気の秘密は？

寝台列車といえばブルートレイン。利用者が少なく、次々、廃止になってしまったが、その一方で大人気のためにチケットがなかなか取れない寝台車もある。その1つが1989（平成元）年から運行されているJRの「トワイライトエクスプレス」だ。大阪を出て、京都線、琵琶湖線を経由し、北陸本線、羽越《うえつ》本線、奥羽《おうう》本線とずっと日本海側を走り、青函トンネルをくぐって札幌まで、21時間の旅である。

12時ちょうどに大阪駅を発車する下り（札幌行）だと、ちょうど夕日の沈むころ日本海沿岸を走っている。14時05分に札幌を発車する上り（大阪行）の場合は渡島《おしま》半島の内浦《うちうら》湾（噴火湾）あたりを夕刻に走るため、「トワイライト」と名付けられた。

しかし、人気の秘密は、この窓外の光景ではない。日本一豪華な列車といわれるように、最後尾にゴージャスな個室寝台が連結されているためだ。

ほかにもフレンチのフルコースが食べられる食堂車「ダイナープレヤデス」とか、光景を楽しむためだけのサロンカー「サロンデュノール」が連結されている点もあるが、やはり個室の魅力に尽きる。

それに、同じタイプの東京発「北斗星」が毎日3本も走っているのに、トワイライトエクスプレスは曜日が限定されているため、よけいチケットが手に入りにくい。

下りが月・水・金・土曜発、上りが火・木・土・日曜発で、しかも1日に1本だけ

“超”がつくほど豪華なトワイライトエクスプレスのスイート

というダイヤ編成だ。

ゴールデンウイークや夏休み、年末年始やさっぽろ雪まつりなど、毎日運行されるシーズンもなくはないが、1日1本というのに変わりはない。

人気のA寝台で、スイートと呼ばれる2人用は大阪〜札幌間が8万9620円という高額なのにもかかわらず、発売日に売り切れてしまうほど。

飛行機より時間とお金がかかるというのに、旅気分を楽しむ贅沢さを満喫したいと、一度は乗ってみたい人が後を絶たないようである。

QUIZ 日本一乗車人数が多い駅はＪＲ新宿駅。では、2位、3位、4位、5位は？

日本にある駅の中で、利用客が多いのはどこなのだろうか。その目安となるデータの１つに乗車人数がある。乗車人数とは、駅から電車に乗った人数をいう。まず、２００３（平成15）年度のデータによって、全国の主なＪＲ駅の乗車人数をみてみよう。

単独駅として、日本一を誇るのがＪＲ新宿駅だ。１日平均で約74万６０００人にも上る。これに私鉄の小田急、京王、西武に東京メトロ、都営地下鉄を加えると、「新宿」と名のつく駅の利用者はさらに増えるだろう。

第２位は池袋駅で、１日の平均乗車人数は約56万６０００人。東京駅や上野駅といった古株のターミナル駅よりも上回っているのだ。

ＪＲの３位は大阪駅で、乗車人数は約42万６０００人。４位は再び東京都で、渋谷駅の約42万３０００人。差はわずか３０００人。

やはり、首都東京を擁するＪＲ東日本が上位を占める。東日本の次に乗車人数が多いのが西日本で、全国3位の大阪、約17万2000人の京都、14万8000人の天王寺と続く。

判断が難しいのはＪＲ東海だ。東海道新幹線はＪＲ東海が運営しているため、1位の名古屋駅の次に東京駅、新大阪駅が続くが、これは東海道新幹線の乗客数のみのカウントだし、そもそもＪＲ東海の駅ではないのだ。東海道新幹線が「稼ぎ頭」であるために、どうしても正確なデータが集計しにくいのである。

残る各社はいずれも1位が10万人を切る。ＪＲ九州は、博多駅約9万8000人、小倉駅約4万人、黒崎駅約1万7700人。ＪＲ北海道は、札幌駅の約8万4000人がダントツで、手稲《ていね》駅約1万3600人と新札幌駅約1万3200人が競り合っている。ＪＲ四国は、高松駅が約1万3100人、徳島駅約8800人、松山駅約8100人という結果になっている。

普段使っている駅をどのくらいの人が利用しているのか、数字で感じてみるのも新鮮だ。

鉄道おもしろデータ集

駅別乗車人数ランキング【JR編】

ＪＲ西日本			ＪＲ東日本		
1	大阪	42万6000人	1	新宿	74万6000人
2	京都※	17万2000人	2	池袋	56万6000人
3	天王寺	14万8000人	3	渋谷	42万3000人
4	京橋	14万人	4	横浜	37万9000人
5	鶴橋	11万8000人	5	東京※	36万9000人

※東海道新幹線の乗車人数は含まない

ＪＲ北海道			ＪＲ東海		
1	札幌	8万4000人	1	名古屋	17万4000人
2	手稲	1万3600人	2	東京	9万8000人
3	新札幌	1万3200人	3	新大阪	6万3000人
4	新千歳空港	1万 400人	4	静岡	6万人
5	琴似	9300人	5	金山	4万6000人

ＪＲ九州			ＪＲ四国		
1	博多※	9万8000人	1	高松	1万3100人
2	小倉※	4万人	2	徳島	8800人
3	黒崎	1万7700人	3	松山	8100人
4	折尾	1万7200人	4	坂出	5900人
5	大分	1万7000人	5	高知	5500人

※山陽新幹線の乗車人数は含まない

駅別乗車人数ランキング【私鉄編】

1	新宿（京王）	34万2000人	6	新宿（小田急）	24万8000人
2	渋谷（東急）	33万1000人	7	横浜（相鉄）	23万1000人
3	梅田（阪急）	29万3000人	8	渋谷（京王）	16万3000人
4	池袋（東武）	27万人	9	横浜（京急）	14万9000人
5	池袋（西武）	26万8000人	10	高田馬場（西武）	14万4000人

※地下鉄など他社線との相互直通人数を含まない。データは2000年度。

第2章

ちょっとクセある鉄道路線

鉄道に関する不思議

▽車両もなければ乗務員もいない鉄道会社がある!?

ふつう、鉄道会社というとレールや駅を持ち、車両を保有し、当然、乗務員も雇っていると思うものだろう。だが、車両を持たない鉄道会社や他社の線路を借りてばかりの変わった鉄道会社がある。

まず、自前の路線が非常に少なく、大方、他社の線路を借りて営業する鉄道会社を紹介しよう。

9000㎞にも及ぶ日本最大の営業キロ（運賃計算に使われる距離）を持つJR貨物がそうだ。JR貨物は53・8㎞の線路しか持っておらず、営業キロ9000㎞のほとんどはJR6社のレールを借りて、貨物列車を走らせている。

そして、反対に、他社に線路を貸しているのが神戸高速鉄道だ。こちらは貸し出し専門で、自社の車両を持たなければ、乗務員もいない。

かつて、神戸市のターミナル駅は分断され、接続が悪かった。国鉄の三ノ宮《さんのみや》駅と阪急の三宮、阪神の元町、山陽電鉄の西代《にしだい》、神戸電鉄の湊川《みなとがわ》と各鉄道会社の主要駅が離

4つの私鉄ターミナルをつなぐ神戸高速鉄道

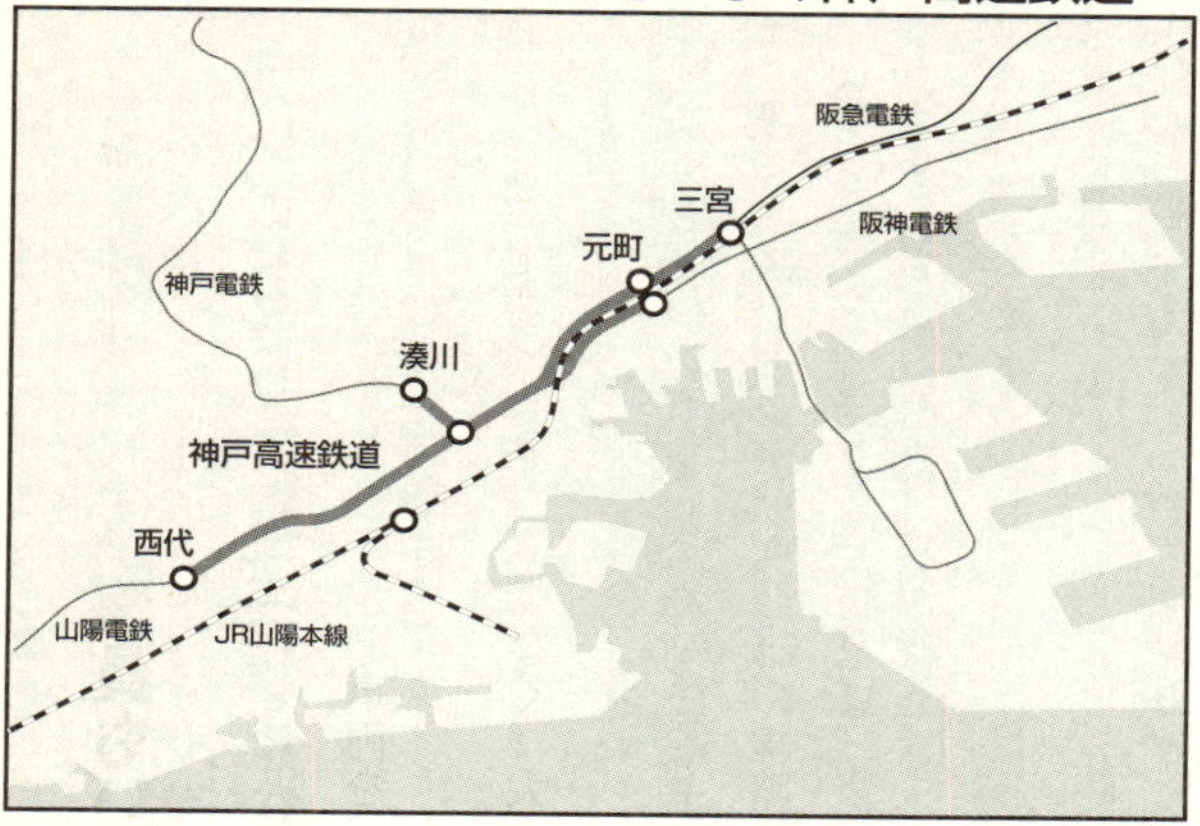

れ、それぞれがアクセスしにくい状態になっていた。

そのため、神戸市は1958（昭和33）年に阪急、阪神、神戸、山陽各電鉄のターミナル駅を接続させる目的で第三セクター神戸高速鉄道を設立し、レールを敷設した。だが、神戸高速鉄道は、あくまで、各私鉄ターミナルの接続がメイン。駅舎も建てたが、専用車両は保有せず、乗務員もいない。

神戸高速鉄道として走っているのは阪急・阪神・山陽・神戸・北神急行の各社の車両である。神戸高速鉄道内を走るときだけ、各電鉄会社は神戸高速鉄道の線路を借りている。

ほかに他社の線路を借りる形態として、

関東の成田空港高速鉄道線（ＪＲ東日本と京成電鉄が使用）、関西国際空港連絡鉄道線（ＪＲ西日本と南海電鉄が使用）などいくつかある。

▼テレビドラマで京王線、小田急線が使われるわけ

テレビドラマで鉄道が使われることは珍しくないが、よくみていると京王線と小田急線がとくに目立つ。日本でたくさんの鉄道会社があるのに、なぜ、これらの路線がよく使われるのだろうか？

京王線が使われた代表的な例は『次男次女ひとりっ子物語』。このドラマでは、主人公の男女が京王相模原線京王堀之内駅近くのマンションに住み、京王線で都心に通勤しているという設定だった。「近代的なマンション群と、開発途上の多摩丘陵の自然とが共存している沿線風景が現代に生きる男女にふさわしい」という理由で、この場所が選ばれたという。

また、『金曜日の妻たちへ』のシリーズでは、東急田園都市線や小田急線の沿線が舞台になった。もとは、作者の鎌田敏夫氏が小田急多摩線小田急永山駅付近の雰囲気

を気に入ったのがきっかけだったという。

これら都心から40㎞前後ほどの東京西郊地域は、「第四の山の手」と呼ばれるニュータウンが広がっており、ここから都心に通勤するというライフスタイルをとっている人は多い。だから、ドラマの舞台になりやすいのだろう。

とくに京王線は、ひところはドラマに通勤電車が登場すれば京王線というほどよく使われた。これは、早くから京王電鉄がテレビやＣＭの撮影に協力的だったという理由によるようだ。

ドラマや映画の撮影を認めると、ロケのため、ダイヤの変更などを行なわなければならず、利用客に迷惑をかけてしまう。そのため、利用客が多い首都圏のほとんどの鉄道会社はテレビや映画のロケを渋っていた。

だが、京王の相模原線は、通勤時間帯以外は他路線に比べて乗客が少なく、駅舎も広いので、比較的ロケに協力しやすい。東府中～府中競馬正門前間の京王競馬場線は、競馬開催日以外はガラ空きなのでさらに融通がきく。

このため京王電鉄は、早くからテレビや映画のロケに協力的だった。それに、電車内のシーンを車庫内で撮影するのを認めるといった協力もしたので、テレビや映画での登場頻度が高くなったのである。

もっとも、最近では、他の鉄道会社の意識も変わり、観光客が増える効果を期待して、積極的にロケを誘致しようという方針になってきているから、今後はいろんな鉄道が登場するようになるかもしれない。

▼初乗り60円！日本一安い初乗り運賃を生んだある事情とは？

ＪＲの電車特定区間に指定されている東京の山手線などの場合、初乗り料金は１３０円だ。大阪の環状線などでは１２０円。私鉄でも、だいたい１２０円〜１４０円で、それ以下というところはない。

例外的に大阪市営地下鉄御堂筋《みどうすじ》線が乗り入れている北大阪急行電鉄の80円というのがある。北大阪急行電鉄は、市営地下鉄が途中から吹田《すいた》市という別の自治体に乗り入れることになるため、別会社にせざるをえなくなって生まれた鉄道会社。会社が違うと運賃は合算料金となり、割高になる。それを防ぐために、あえて安く設定したもの。

それでも、北大阪急行の80円が日本一安い初乗り料金ではない。さらに安い60円で頑張っている鉄道会社がある。

鳥取県の若桜《わかさ》鉄道だ。かつての国鉄若桜線を引き継いだ第三セクターの会社が経営しており、一般的に運賃が高いとされる第三セクターにしては異例だ。

これはＪＲ因美《いんび》線の郡家《こおげ》駅から１駅目の八頭《やず》高校前まで、約０・９㎞の運賃。高校生の通学のために、特別に安く設定されたのだ。

八頭高校前駅は国鉄時代、郡家から若桜を結んでいた時代にはなかった駅。第三セクターで営業を始めたものの、売り上げに伸び悩んでいた若桜鉄道が、郡家駅から歩いてこの高校まで通学する学生の利用を促そうと、１９９６（平成８）年にわざわざ新設したのだ。そのときの料金は１４０円。

高校生にとって、１㎞足らずは歩いてもどうということはない距離。それでも使ってもらうには、安い料金でなければ……そう考えて、翌年には今の料金設定に改めた。

そもそも第三セクターは、採算がとれないけれども地元のためにと、自治体が中心になって運営していくもの。若桜鉄道は、ほかにも桜のシーズンに車内宴会ができる花見列車のようなイベント列車も走らせたりする。赤字解消にアイデアを発揮する企業姿勢が駅と、安い初乗り運賃を誕生させたのである。

▽アニメが上映され、カラオケができる列車があった！

本州と北海道は、かつては青函《せいかん》連絡船で行き来していたが、いまではJR津軽海峡線を通って列車で往来できる。青森〜函館間を走る津軽海峡線の主役は、津軽海峡の下に掘られた世界最長の海底トンネル「青函トンネル」だ。

津軽海峡線は、1988（昭和63）年に開通してしばらくは注目を集め、乗客も多く、最盛期には11〜12両編成の列車が走っていた。しかし、ブームが下火になるにつれて乗客が減り、運転本数を減らすしかなくなった。

そこで、人気回復のために登場したのが、カラオケボックスカーやドラえもん海底列車といったイベント列車である。

カラオケボックスカーは、1997（平成9）年11月から翌年3月にかけて、当時走っていた上りの快速「海峡6号」と下りの「海峡11号」に連結された。青函トンネル内では窓から景色が見えずに退屈するので、カラオケを楽しもうという発想である。

これは、1車両に2〜8名で利用できる部屋が2室、2〜5名で利用できる部屋が

現在のドラえもん海底列車。函館と吉岡海底駅の間を往復する。

2室、計4室のカラオケボックスが設けられ、乗車券と別に1人510円で利用できるという企画だった。

乗車中は歌い放題だし、街のカラオケボックスと違って食べ物や飲み物は持ち込み自由なので、カラオケ好きの人は喜んだのではなかろうか。

ドラえもん海底列車は、1998（平成10）年からはじまった企画列車で、ドラえもんに見送られて出発し、途中の吉岡海底駅や竜飛《たっぴ》海底駅での見学時間が設けられていた。また、列車中央部にカーペット敷きのドラえもんカーが連結され、着ぐるみのドラえもんやのび太くんに会えたり、絵本やアニメ上映も楽しめた。

乗客を呼ぶために考えだされたイベント列車だが、結局、所要時間を短縮するほうがいいということになり、２００２（平成14）年に廃止されてしまった。現在、夏休みなどの一定期間のみ、吉岡海底駅と函館駅間を往復運行している。

▽和歌山の紀州鉄道、なぜ東京に本社がある？

何もない郊外に線路を敷き、沿線の土地を造成して街をつくり、そこからの通勤客を運ぶ。それで鉄道の客を増やしていく——。

これはいま都市部の大手といわれる私鉄が、どこも会社発展のためにやってきたことだ。大阪の阪急は宝塚線でそれを行ない、東京では東急が横浜方面の路線で行ない、西武も埼玉方面に向けて路線を延ばした。こうした会社は、不動産部門を持っていたり、開発子会社があったりする。

ところが、その反対に、本業が不動産業という鉄道会社が存在する。和歌山県御坊《ごぼう》市を走っている紀州《きしゅう》鉄道だ。本社はなんと東京都千代田区にある。

かつての徳川御三家の藩名をいただいた、たいそうな名前だが、総延長でもわずか

2・7kmという東京の都電より短い路線。全国の私鉄の中で2番目に短い。駅数は全部で5つ、全線乗車時間も10分足らずである。

昭和初期に、こんな短い路線が誕生したのは、もともと御坊市を走る国鉄の紀勢《きせい》本線の駅が、市街地をはずれた内陸部寄りにあったためだ。普通なら鉄道開設に地元住民が反対して路線がそれたというのが多いが、この地は逆である。住民がもっと中心部にと望んだのに、当時の政権党であった立憲政友会が当地を地盤とする憲政会を牽制して迂回させたといったいきさつを持つ。

そこで地元有力者たちが1928（昭和3）年に御坊臨港鉄道を設立した。3年後に紀勢本線御坊駅と日高川駅までを結んで市街地を走る3・4kmを開通させ、市民の足として長年にわたって利用されることになった。

しかし、車社会の到来で御坊臨港鉄道は経営難となる。そのとき救世主となったのが東京の不動産会社だった。この会社は、鉄道会社を所有することで「鉄道会社が経営する不動産会社」という大手私鉄と同じ形にして信用度を高めたかったようだ。そのために1972（昭和47）年、買収を機に格のある「紀州鉄道」と名称変更した。

しかし、もともとが経営不振に陥った路線だから経営母体が変わったからといって乗客が増えるはずもない。買収翌年には日高川～西御坊駅間が廃線となり、いまの御坊駅～西御坊駅の2・7㎞に短縮されてしまったのだった。

鉄道が赤字部門であっても、紀州鉄道の名前を冠したホテル事業や別荘地開発など本業の不動産部門の黒字化に立派に貢献している。地元の人たちが昔の愛称である「りんこう」と呼んでいるかぎり、紀州鉄道は廃止されることはない？

▽やたらと多い新京成電鉄のカーブには秘密があった！

東京郊外を走る新京成《しんけいせい》電鉄は、JR常磐《じょうばん》線の松戸《まつど》駅と京成津田沼《つだぬま》駅を結ぶ26・5㎞の路線だが、駅総数は24駅とけっして大手の鉄道会社とはいえない。ただ千葉県西北部のベッドタウン化に伴い、重要な通勤路線に成長している。

この路線での通勤客を悩ませるのが、レールの曲線部分の多さだ。なんということもない平野部なのに、やたらと曲がりくねって進む。もっとまっすぐ走らせれば、乗車時間も少なくて済むのではないかと感じている利用者は少なくない。

こんな路線になったのは、新京成電鉄が、旧日本陸軍鉄道第二連隊の演習線を、そ

この異様な曲がり方は陸軍演習線の名残だった！

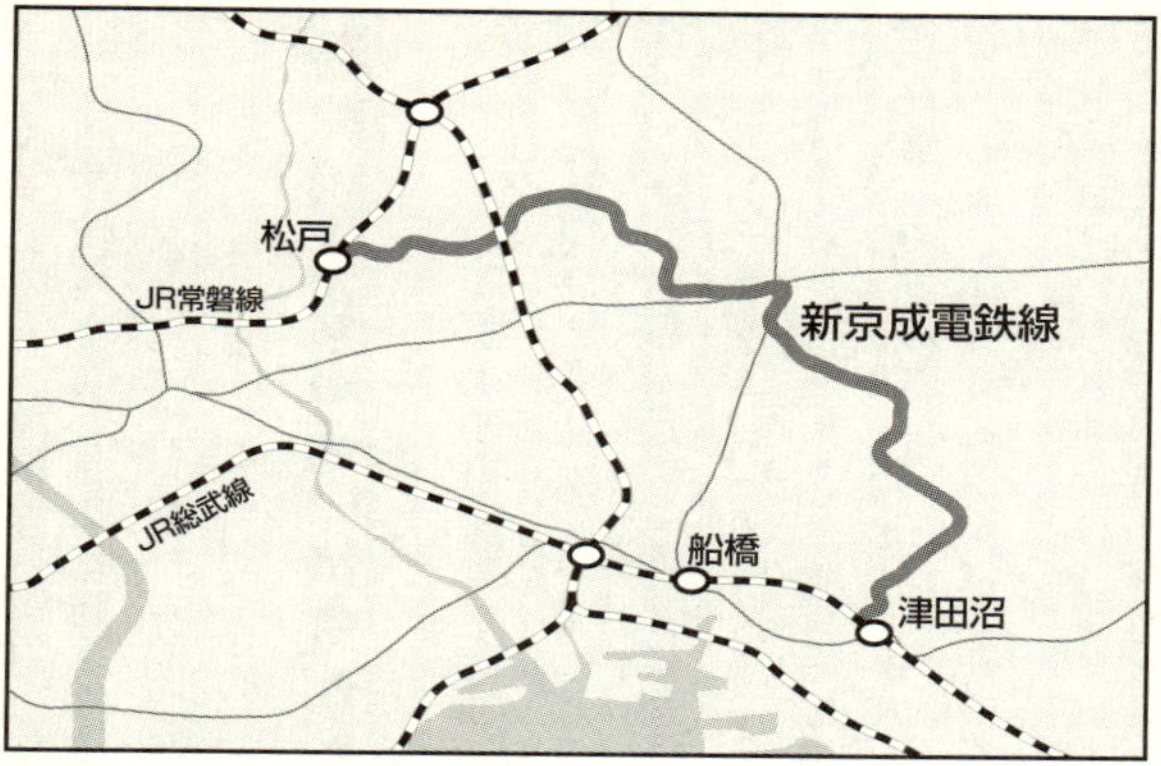

のまま利用しているからである。

１８９６（明治29）年にドイツ陸軍にならって日本陸軍にも鉄道連隊が誕生した。その隊専用の演習線がこの路線なのだ。

それが終戦によって使わなくなっていたものを、京成電鉄が民間鉄道として営業申請をした。無事認められ、この路線を新京成電鉄として独立会社とさせたのだ。したがって、旧陸軍の線路がほとんどそのまま路線となった。

演習のための線路だから、カーブが多く、長いほうが訓練になるというので、わざとカーブを多くしたようである。

１９４７（昭和22）年に、最初に開通した津田沼～薬園台《やくえんだい》は木造の１両だけの列車が走っていた。当時の軌間は１０６７㎜。その後に親会社の京成電鉄に合わせて１３７２㎜軌間に改められ、さらに地下鉄乗り入れに合わせて１４３５㎜に変更。レールは敷きかえられたものの、曲がりくねった路線経路だけは変わらなかった。

▽新幹線よりも速い特急がある？

日本でいちばん速い列車は新幹線だ。第1号である東海道新幹線「ひかり」が、開業時の最高時速は２００㎞。いまは「のぞみ」で３００㎞を出せるようになっている。踏切のない新幹線と違い、在来線特急では、時速１３０㎞が最高速度とされている。これは、ブレーキをかけてから６００ｍ以内に停車できることという決まりがあるためで、逆算すると時速１３０㎞以上は出せないのだ。

ところが、新幹線でもないのにもっと速い特急が存在する。それもＪＲでなく、第三セクターが運営する北越急行の「はくたか」という特急列車。最高速度１６０㎞で走っているのである。

「はくたか」が走っている北越急行は、「ほくほく線」として馴染み深い路線である。

国鉄時代に北越北線として計画され、最初は上越線の六日町駅から信越本線の犀潟《さいがた》を結ぶ予定だったが国鉄時代には実現することはなかった。その後、第三セクターに引き継がれ、１９９７（平成９）年に完成した。

新潟の山中を貫いて走る路線のため、トンネルが多く、トンネル以外は高架ばかりでほとんどが一直線。途中に踏切もなく、新幹線並みの走行条件を備えている。だからこそ時速１６０㎞が可能になった。レールの軌間が新幹線の１４３５㎜に比べ、狭い１０６７㎜という狭軌《きょうき》であっても速度は出そうと思えば出せるのだ。

一方で秋田新幹線や山形新幹線は一部に踏切があるため、その区間は最高速度が時速１３０㎞に抑えられている。そのため、その区間に限って言えば、「はくたか」のほうが速く走っていることになる。

コラム　電車の速さって、どのくらい？

よく使われる最高速度はあくまで最高になったときの速度であり、頻繁に停車する各駅停車の場合、これだけで判断できるものではない。電車の速さを比較する場合のより客観的な指標はないのだろうか?

そこで使われるのが表定速度といわれるもの。これは列車の停車も含めた平均移動時間である。最高速度、加速度、ブレーキ、駅間、駅の数など、さまざまなファクターを含めた指標で、速さを比較するときにもっとも適切なものといえる。

参考までに停車駅が多い地下鉄は30~40kmが多く、一般的な鉄道は40~60kmが多い。日本の大動脈 東海道新幹線(東京~新大阪間)は200km以上の表定速度になっている。

▽案外ある! たった1駅しか走らない列車

秋田県のJR奥羽《おうう》本線東能代《ひがしのしろ》駅から隣の能代駅を経て青森県南津軽郡の川部《かわべ》駅までの147・2km、43駅を結んで海岸線沿いを迂回するように走るのがローカル線の五《ご》能《のう》線だ。

この路線では1日の列車編成のうち3分の2までが、東能代から能代までのたった

1駅間しか走らないダイヤになっている。

これは奥羽本線が能代市の中心部をはずれて走っているからで、五能線能代駅から、奥羽本線を利用する客の便宜を図ろうとたった1駅だけの列車を走らせているのだ。

せっかくのJR本線が、市の中心部をそれて敷設されている例は多い。

鉄道敷設のとき、すでに住宅が密集していて用地が確保できなかったとか、鉄道という新しい交通手段に宿場町が拒否反応を示したために、迂回路線にせざるをえなかったというようなケースだ。

たとえば新幹線も停車する東北本線の八戸《はちのへ》駅。街の中心は八戸線に乗り換えてさらに2駅走った本八戸《ほんはちのへ》駅といった調子。

ほかにも、乗客の便宜を図るため、短い区間、それも1駅間だけのダイヤ編成をしているところは少なくない。

じつは新幹線にだってある。山陽新幹線の博多〜小倉駅間では、通勤・通学客の多い朝と夜の時間帯に1駅間だけの列車が上り・下りともに10本近く走る。

これは1駅だけといっても55・9㎞あり、時間も17〜20分かかる。1駅間列車のなかではいちばん長い距離だ。

また、山陽本線岡山駅から津山までを結ぶ津山線では、岡山駅の隣の法界院《ほうかいいん》駅までの1駅運転の列車がある。これは岡山大学など法界院駅を最寄りとする通学生のための列車といってよいだろう。

コラム たった6駅なのに話題を呼んだみなとみらい線とは？

2004（平成16）年2月に開業した横浜高速鉄道の「みなとみらい線」の開業を覚えておられる方も多いだろう。

「みなとみらい線」は万博跡地である再開発地区みなとみらいや、神奈川県庁がある横浜のオフィス街、そして、横浜中華街といった中心エリアを通る路線で、開通日には、午前4時すぎから、鉄道ファンなどがホームに行列をつくった。

車両の外観は、「みなとヨコハマの海」と「伸びゆく都市」のイメージを演出して、青から黄色へのグラデーションが採用された。車両の前後に「みなとみらい」の頭文字「M」が大胆に配されたデザインが印象的だ。

華々しいデビューを飾ったこの路線、じつは4・1㎞ほどで、駅は「横浜」「新高島」「みなとみらい」「馬車道」「日本大通り」「元町・中華街」の6駅しかない。
東急東横線との相互乗り入れにより、渋谷・自由が丘に直通しているとはいえ、たった6駅でここまで注目される鉄道も珍しい。

▽車掌さんはカウボーイスタイル！西部劇気分が味わえる熊本のSL列車とは？

SL（蒸気機関車）は、ノスタルジーという名のもとにあちこちで観光用に復活した姿を見せている。九州のJR豊肥《ほうひ》本線にもこうしたイベント列車が走っている。それが「SLあそBOY」。

熊本・阿蘇の外輪山をアメリカ西部に見立てて、西部開拓時代のスタイルで走る列車がそれ。車掌さんはジーンズにカウボーイハット。バンダナを巻いたSLレディも同乗している。

車体はクリーム色と茶のツートンカラーで金線が入っていて、屋根はダブルルーフに改造されている。いかにもアメリカの西部を走っていそうな色合いだ。牽引する機

阿蘇の大自然の中を疾走するＳＬ「あそＢＯＹ」

関車はもとはグリーンであったが、のちに黒色とこちらも化粧直しをしている。

使われているのは１９２１年製造の５８６５４号機。当時の国鉄が人吉市に貸し出して、市内のＳＬ資料館に飾られていたものを引き取って使ったという。

室内展示だったうえ、国鉄ＯＢがボランティアで手入れを続けていたため、２度目のお務めでもまったく支障がない。

前後に展望車のついた3両編成の客車はアメリカ西部を走る列車そっくりまではいかないが、十分に当時を偲《しの》ばせるサロン風の造りである。

ネーミングはあそぼうい（「遊ぼうよ」の九州の方言）をもじって、阿蘇もかけたという凝り方で、一般公募で決まったという。鉄道好きの人たちにはえも言われぬ魅力の観光列車である。

もちろん、列車そのものの雰囲気が、のんびり九州旅行を楽しみたいという人にもたまらない。そのうえ、阿蘇の景観がアメリカ西部を彷彿《ほうふつ》とさせ、裾野のウエスタン牧場も旅情を誘い、列車以外にも楽しみがある。

信号待ちする電車がある!? 東急世田谷線の路線にまつわる不思議とは？

東京の都電で廃止されずに今でも残っているのは荒川線のみだが、同じく路面電車のように、ほとんど道路と同じ高さに敷かれた軌条を走る路線がないわけではない。東急電鉄というれっきとした電鉄会社の路線で、一部で路面電車の面影《おもかげ》を残す。

東急世田谷線は、現在、三軒茶屋《さんげんぢゃや》と下高井戸《しもたかいど》を結ぶ5㎞しか残されていないが、ルーツは玉川電気鉄道という、多摩川の砂利運搬のために設けられた路線。名前こそ鉄道でも、実際は路面電車の電気軌道だった。

開業は、三軒茶屋～世田谷間が1925（大正14）年1月、世田谷～下高井戸間が同年5月である。これに先立つ1907（明治40）年、東急電鉄玉川線（渋谷〜玉川間）が開通した。玉川電気鉄道は東急電鉄との合併後に玉川線の支線となって旅客運搬専用線に生まれ変わった。

そして1969（昭和44）年に渋谷〜二子《ふたこ》玉川《たまがわ》の本線、二子玉川〜砧本村《きぬたほんむら》間の支線が廃止され、三軒茶屋〜下高井戸の支線だけが残され、名前も世田谷線と改称された。

この世田谷線は、環状7号線と交差する若林踏切で、信号待ちで停止する。

ふつう、踏切といえば、遮断機が下りて電車は止まらず、道路を走る車のほうが止まるもの。ところが、この踏切は、線路側にも道路の交差点と同じ赤・黄・青の信号があり、電車も車もこれに従って走ったり、止まったりするのである。

たしかに軌道電車では信号待ちを余儀なくされるが、それも道路に軌条があるときのみで、専用軌条なら停留所以外は停止しなくていいはず。それなのに若林踏切でだけ信号待ちがあるのは、なんといっても道路が環状7号線だからである。

東京でいちばん込み合う幹線道路といってもいいくらい名高い「環七《かんなな》」。世田谷線が通過するたびに遮断機が下りていたら、渋滞ばかりで幹線道路の用をなさなくなってしまうからである。

コラム

世界では路面電車が最先端

かつて日本各地の都市でみられた路面電車は、バスや車にとって代わられ、ごく一部を残して姿を消してしまった。だが、ヨーロッパでは、環境の負荷が少ない交通システムとして見直され、1990年代から復活のきざしを見せている。

この路面電車による交通システムは、「LRT（Light Rail Transit）」と呼ばれ、地下鉄に比べ、はるかに安い建設費、ホームとの段差がなく、車椅子の人や高齢者、ベビーカーなども乗り降りしやすい「低床車」、数両の編成で多くの旅客を一度に運ぶ効率性、相互乗り入れにより、郊外から市の中心部まで乗り入れられる利便性が特長だ。

LRTは路面電車が消えたパリのような大都市をはじめ、フランスのリヨンやボルドー、ドイツのハイデルベルクやフランクフルト、スイスのジュネーブ、イタリアのローマやフィレンツェなど、ヨーロッパを中心に世界各地でみられる。

日本でも、1997（平成9）年に初の低床車が、熊本市の市電に導入され、その2年後に、広島電鉄でも低床の路面電車が採用された。

▽鉄道事業の3倍売る銚子電鉄の意外な副業とは？

千葉県銚子《ちょうし》市の銚子駅から外川《とかわ》駅まで、10駅、6・4㎞を走る銚子電気鉄道。全線が銚子市内におさまる。高速道路の充実や車の普及で乗客は減る一方のローカル線だ。大手私鉄なら、副業にバスやタクシー会社を経営したり、不動産部門を設けて住宅地を造成するとか、ホテルを経営するなど手はいろいろあるが、乗客減少に悩まされる地方ではそうもいかない。

そこで銚子電鉄が考えたのが、ローカルならローカルらしく地方色を出すこと。そして目をつけたのが、地元産業の花形である醤油《しょうゆ》だった。醤油の風味を生かした商品として「ぬれ煎餅《せんべい》」を開発して自社生産し、駅の売店で売り出したのだ。

銚子は、野田と並ぶ醤油の産地で、江戸時代初期に摂津西宮《にしのみや》と紀州から移り住んできた歴史のあるメーカーが、いまも操業を続けている。その良質な醤油を使って、パリッと堅いタイプでなく、しっとりと柔らかい煎餅を生み出した。

歯ごたえでごまかせないぶん、醤油の味のよしあしが出てしまうのだが、地場のメーカーに救われて大ヒット。

いまでは都心のデパートや高速道路のパーキングエリア、ＪＲのキヨスクなどで扱われるヒット商品にまで成長している。もちろんインターネットでも購入できる。

最近では羽田や成田の空港売店にも置かれるようになり、日本人はもちろん、海外からの観光客にも大人気だとか。おかげで売り上げは運賃収入の3倍にも上る！

10枚入りで８２０円という手ごろな値段の煎餅は、そのままでも十分においしいが電子レンジで温めて、よりおいしく食べるというツウも誕生している。

この副業に味をしめたのか、銚子電鉄はさらに地元の造り酒屋の協力を受けて「でんでん酒」というオリジナル日本酒も売り出している。

▼ＪＲにもキャリアとノンキャリアがある!?

公務員には、国家公務員I種試験に合格し、高級官僚への道を進むエリート公務員の「キャリア」と、現場スタートで出世に限界のある「ノンキャリア」がいるという話をよく聞くが、これはＪＲなどの鉄道会社でも同様である。

鉄道会社では、それぞれの職種のなかに等級があり、経験に応じて昇級していく仕組みになっているが、資格が上がる「昇格」や、異なる上位職種への「昇職」には試験を受けなければならない。

だから、やる気や試験の結果次第で出世の速さが違う実力主義社会ではあるのだが、完全に実力主義というわけではない。キャリア同士、ノンキャリア同士ならともかく、キャリアとノンキャリアの間には大きな差があるのだ。

たとえば、高卒で駅員として就職したノンキャリアの場合だと、駅員・車掌・運転士・助役・副駅長・駅長の順に出世していくコースがある。

また、駅員のまま地位を上げていき、信号係などを経て助役に進む場合もあるし、助役から運転区や列車区の区長に進んでいく人もいる。

一般的に、ノンキャリアでは、かなり順調に出世したごく一部の人の場合で、50代後半になって駅長に……といったところだ。最高に出世した場合で、駅長よりワンランク上の課長クラスか、関連企業の部長止まりだという。

だが、大卒のキャリアの場合、多くは幹部候補生として採用され、短期間に数多くの現場を体験し、本社の事務部門や管理部門に戻る。キャリアのほとんど全員が、30

代で駅長よりもランクの高い課長クラスになれるのだ。

近年では、不況による合理化で課長のポストが減ったため、あぶれるキャリアも出てきたが、そういう人は、駅長として天下りし、何年かしてから本社に戻って課長クラスとなる。

キャリア駅長が増えたため、ノンキャリアが駅長まで出世できるチャンスはますます減っているそうだ。

▽津軽三味線の音色が聞こえてくる列車の謎

東能代《ひがしのしろ》駅で奥羽《おうう》本線と別れ、日本海側を走り、弘前《ひろさき》市の北の川部《かわべ》駅で再び本線とつながるのがＪＲ五能《ごのう》線（１４７・２㎞）。

この路線では、津軽の旅情をたっぷり味わうことのできる列車「リゾートしらかみ」を走らせている。世界遺産にも指定された白神《しらかみ》山地に名前を借りたご当地列車だ。

岩木山を遠望しながらリンゴ畑の間を走り、日本海沿岸を南に進む「しらかみ」は、奥羽本線青森駅か弘前駅からの発車だ。五能線に入るのは川部駅から。

すると、列車のなかでは、津軽弁の「語り部」たちが昔話を語ったり、わらべ歌を歌ってくれたりする。

体の芯を揺り動かすような声を聞いているうち、やがて鰺ケ沢《あじがさわ》駅を過ぎ、日本海が見えてくる。「リゾートしらかみ」にクルージングトレインというキャッチフレーズがつけられているように、波打ち際ぎりぎりを列車は進む。

14時33分の弘前発に乗り、季節と天気がうまく合致すれば、車中から日本海に沈む夕日も見ることができる。そして列車は東能代を経由して、終着駅奥羽本線秋田駅に滑り込む。

4～5時間ほどの旅情満喫の間、地元の食材をたっぷり使った「晩酌セット」で楽しむのもいいし、ただぼんやりと景色だけを眺めて思いにふけるのもいい。反対に秋田発の「リゾートしらかみ」に乗車すれば、鰺ケ沢駅と五所川原《ごしょがわら》駅の間で津軽三味線の演奏を聞くこともできる。

ただ、季節・曜日によって、アトラクションがなかったり、種類や時間が異なるので、旅の前に確認しておきたい。

▽ほのぼの列車雪道を行く！ 唯一残る「ストーブ列車」の光景

やむをえぬ事情から登場したものが、ノスタルジーを感じさせる観光名物になることがある。それが津軽平野を走る津軽鉄道の「ストーブ列車」である。

津軽鉄道は、津軽五所川原《ごしょがわら》から、津軽中里までの20・7kmを走る鉄道だが、津軽半島といえば名にし負う豪雪地帯で、冬の暖房は不可欠。

だが、暖房設備がついた車両など買えはしないローカル線だった。

かつて、客車は、蒸気機関車から送り込まれる高圧蒸気を、客車内の放熱管に通すことで暖房されていた。

ディーゼル機関車では蒸気の熱を客車へ送り込めばよかったし、電気機関車が使われるようになってくると電気暖房もできるようになった。

しかし、津軽鉄道では、国鉄から譲り受けた車両に、相変わらずのディーゼル機関車を連結させて走らせていた。

もちろん、旧型の機関車には蒸気を作る装置がない。

レトロな情緒あふれるストーブ列車

津軽鉄道では、やむをえず、車内でだるまストーブを使わざるをえなくなり、通学生の多い時間帯に「ストーブ列車」を走らせた。

車内が寒くならないように気をつかいながら、時折、車掌が燃料となる石炭を入れにだるまストーブまでやってくるというシステムをとっていた。

すると日本で唯一の昔ながらの列車という評判がたった。

今では通学用に新型のディーゼル機関車を導入しているが、11月中旬から3月下旬まではあえて観光用にだるまストーブを使い、観光列車として「ストーブ列車」を走らせている。

QUIZ

もっとも高い、もっとも低い駅・鉄道、あなたはいくついえますか？

日本でいちばん高いところにある駅は？　という問いの答えが「東京駅」で、到着する列車がすべて「上り」だからというのは、子どもでも知っているナゾナゾ。だから、いちばん高い駅が東京というのも1つの解答だ。

では、宇宙にいちばん近い鉄道は？　と問われて「銀河鉄道999」と答え、なぜなら「すでに宇宙を走っているから」というのもありかもしれない。

現実に宇宙にいちばん近いのは、もっとも標高の高いところを走っている鉄道が正解になる。

それがJR小海《こうみ》線で、JRでも「宇宙にいちばん近い鉄道」として宣伝している。その中でももっとも高い位置にある駅が野辺山《のべやま》駅だ。

野辺山駅の標高は、海抜1345・67mで、ホームには日本の最高地点の駅という表示も立てられている。

鉄道おもしろデータ集

こんなにある！　高い鉄道　低い鉄道

もっとも高い駅・鉄道	東　京　駅	「上り」が集まるいちばん高い駅
	銀河鉄道999	宇宙を走るもっとも高い鉄道
	小　海　線	標高1375mともっとも高いところを走る鉄道
	野辺山駅	1345.67mともっとも高いところにある駅
もっとも低い駅・鉄道	津軽海峡線	海面下240m。正式には、海峡線。青函トンネルを通るこの路線が日本一低い鉄道
	吉岡海底駅	海面下149.5m地点にある青函トンネル内のもっとも低い駅
	京葉線東京駅	海面下29.19m。海底トンネル以外でもっとも低い駅
	弥　富　駅	海面下0.93m。関西本線にある地上駅でもっとも低い駅

そして、もっとも高い位置にあるレールが、隣の清里駅との間の海抜1375m地点で、ここにも「鉄道最高地点」と刻まれた木製の標柱が立てられているのを車窓から見ることができる。

反対にいちばん深いというべきか、最低地点にある鉄道は青函トンネル内の海面下240m地点。

駅としては吉岡海底《よしおかかいてい》駅がもっとも低く、海面下149・5m地点にあたる。

ここには竜宮水族館やジオラマなどがあって、観光スポットとして人気を集めている。

ただ、ここはいつでもだれでも乗り降りできる駅ではない。その意味でいつでも行ける最も低位置の駅となると、地下にある京葉線の東京駅。

ここは海抜マイナス20・19mで、海底トンネルを除けば、1位となる（長らく総武本線馬喰町《ばくろちょう》駅が、日本一低い駅といわれていたが、その後、京葉線東京駅が、より低い駅と判明した）。

地上で最も低い駅を探せば、関西本線の弥富《やとみ》駅になる。ここは伊勢湾の海面下マイナス0・93m地点にあたり、ホームにも「日本で一番低位置」という表示板を立てている。

特集 鉄道が描く21世紀の青写真

リニアモーターカーや鉄道新線といった最新事情を紹介。

東京最後の地下鉄 東京メトロ13号線とは？

もうこれ以上の数になったら、地下が穴だらけになってて地盤沈下を起こすのではないかと不安になるくらい、次々と東京には地下鉄が誕生する。07年の完成を目指して、いま、工事中なのが渋谷～池袋の8・9㎞を結ぶ東京メトロ13号線だ。

東京最後の地下鉄といわれる13号線は新宿と池袋を結んで山手線を補完するというのが目的で計画自体は30年も前に持ち上がっていた。ただ同時に地下鉄8号線も計画されていて、重複する部分も多かったため、着手は遅れた。

13号線の着手が進まないうちに、8号線が有楽町線として開業し、国鉄の貨物線だった路線がＪＲ埼京線として開通して、競合路線となったため、ますます計画は頓挫しそうになる。

それが、新宿を経由して渋谷まで延伸するということで、ようやく着工に移されることになった。

そこで改めて計画を見直してみると、8号線で計画された路線の一部が、この13号線の開通を見越して複々線工事を行なっていて、計画が完璧な形で、いや渋谷まで延びたことによって、よりいい形で山手線の混雑緩和になることがわかったのである。

複々線工事が完了していたのは、東武電車に乗り入れている地下鉄有楽町線の支線として開業していた池袋～小竹向原《こたけむかいはら》部分で、こちらは西武有楽町線として西武電車に乗り入れが可能になる。

ここまで計画の実行にめどが立ったため、池袋～小竹向原は有楽町新線として営業することになり、上下2段という珍しい形の複々線が姿を現した。この小竹向原からの電車の着く駅は、新線池袋と呼ばれるようになり、下側の複線が渋谷までの13号線の駅となる予定だ。

13号線は、雑司《ぞうし》が谷《や》、新宿7丁目といった、これまでどこの駅からもちょっと距離があるとされていた地帯にも利便性をもたらすはずだ。

▽リニアモーターカーが上海で走っている！

上海では、空港アクセスとして、すでにリニアモーターカーが実用化されている。商用営業を行なっている世界初の高速リニアモーターカーであり、地下鉄の龍陽路《ロオンヤンルウ》駅と浦東《プゥドォン》国際空港駅間を最高速度430kmで快走する。

これは、30kmの距離を7分20秒で結ぶものだが、30kmといえば、東海道本線の東京～横浜間（28・8km）や大阪～三ノ宮間（30・6km、ともに営業キロ）に相当する。上海のリニアモーターカーがいかに速い速度を出しているかが伝わってくる。

リニアモーターカーの正式名称は「上海磁浮列車（英語名Shanghai Maglev Train）」。座席は普通席（Economy）と貴賓席（VIP）があり、普通席運賃は片道50元で、貴賓席運賃はその2倍となっている。

リニアモーターカーというのは、少し難しくいうと、「超電導磁気浮上式リニアモーターカー」で、磁気の力で浮上走行する未来型交通機関。N極、S極の超電導磁石の反発力とひっぱる力を利用し車体を浮かせ、線路との摩擦なしに高速で走行する。

走行のしくみや理論はさておき、とにかく猛スピードで走ることができる乗り物と理解すればいい。

日本の走行テストだと、03年12月に山梨県の実験線で、時速581㎞という世界最速の記録を出している。

05年の「愛・地球博」（2005年日本国際博覧会）のために建設された名古屋市街地と会場を結ぶリニアモーターカー（リニモ）は、実用化された国内初の磁気浮上式をとっている。

山梨で実験中のリニアモーターカーは、東京〜大阪を1時間で結ぶ「中央新幹線」として実用化することを目標に研究が進められている。

▼名古屋駅から最速28分！　セントレアの鉄道アクセス

昨今、経済の発展がめざましい名古屋市から南に35キロ、知多半島の都市常滑《とこなめ》に接する伊勢湾海上に、05年2月、国内で5番目となる国際空港が開港した。この中部国際空港は、併設の商業施設をあわせて「セントレア」の愛称で親しまれている。

セントレアとは、中部・中央を表すCentralと、空港や航空をイメージしたAirを組み合わせた造語。英語名称も「CHUBU Centrair international airport」という。

海に浮かぶこの新空港へは、車や船でのアクセスも可能だが、名古屋の都心からもっとも早い交通手段は鉄道だ。名古屋鉄道常滑線が延長され、ＪＲや地下鉄の名古屋駅、金山駅から直接アクセスできるようになったのである。

同線は、05年1月29日に開通し、名古屋～セントレア間を最速28分でつないでいる。都心から遠い成田空港や関西国際空港と違い、名古屋市内からのアクセスは至便だ。海外旅行に行くとき、空港への移動や出国手続きなどで、出国前に意外と時間がかかると感じる人も多いだろう。でも、セントレアなら、移動時間がほかの国際線空港ほどかからないため、週末のみの海外旅行がとくに便利。利便性については国内線の利用でも同じで、国内の交通手段としての注目度も高い。

そのずば抜けた鉄道アクセスの一翼を担っているのが、名鉄の特急「ミュースカイ」の速達性である。青と白を基調にした空と海をイメージさせる車両の最高運転速度は時速１２０㎞。空気バネによる車体傾斜制御装置を導入することで、曲線通過時も高速で運転できる。

また、車内では22インチ（約56㎝）の液晶ディスプレイによる画像と文字による情報提供も行なっている。リアルタイムに走行時の前方の様子を映しており、旅の始まりを盛り上げてくれる。

▽世界最高速鉄道の勝者は？　最高時速４３０キロの列車って？

日本一速い鉄道は、いうまでもなく新幹線である。

この新幹線は、１９６４（昭和39）年10月に東海道新幹線が開通し、翌年11月に最高時速２１０㎞となった。当時、世界一速い列車である。

ただし、この「最高時速」とは、ＡＴＣ（自動列車制御装置）が表示する最も速い速度のことで、実際に最高速度で走れば、ＡＴＣが作動して列車は止まってしまう。そのため、ＡＴＣの最高速度は少し余裕をみて設定されるので、実際にひかり号が出していたスピードは最高で時速２００㎞程度だった。

東海道新幹線の登場まで、世界一速い列車はフランスで走っており、時速２００㎞近いスピードだった。

世界最高速列車の推移

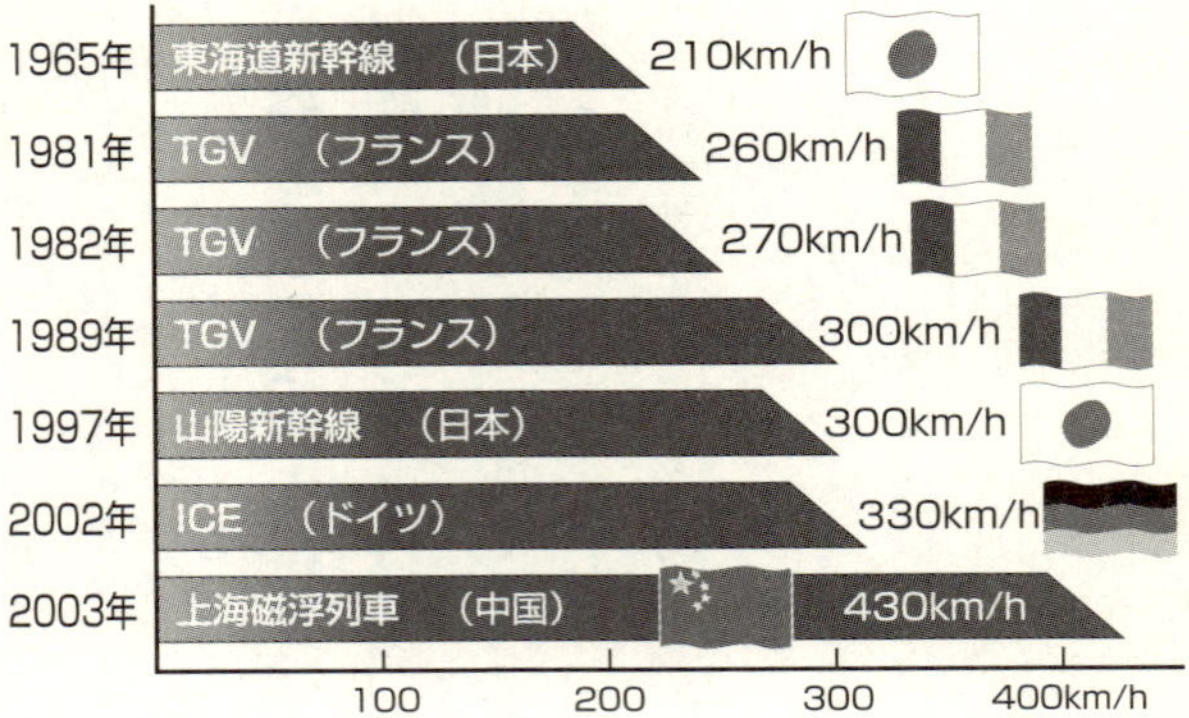

ひかり号がわずかに追い抜いたというところである。

それでフランスが対抗意識を燃やしたのかどうか、１９７０年代から超高速列車ＴＧＶの開発に取り組み、１９８１（昭和56）年、パリ～リヨン間を結ぶ路線の一部を開通させ、ＴＧＶを最高時速２６０㎞で走らせた。

さらに翌年、パリ～リヨン間が全線開通すると、最高時速は２７０㎞となった。新幹線は大きく引き離されたのだ。

１９８５（昭和60）年に東海道・山陽新幹線が最高時速２２０㎞、東北新幹線が最高時速２４０㎞にと、新幹線も少しずつスピードアップをしはじめたが、ＴＧＶは、

1989（平成元）年から翌年にかけて開通した大西洋線パリ〜ルマン・ツール間を最高時速300㎞で走りはじめた。

これに対して山陽新幹線は、1997（平成9）年からTGVと並ぶ最高時速300㎞を実現した。

スピード競争もこのあたりが限界か……と思われたが、まだまだつづく。

1990年代からICEという高速列車を走らせていたドイツで、最高時速330㎞の列車が登場。TGVも、近い将来に最高時速を350㎞に引き上げるという。

このスピード競争に決定打を打ったのが、前述した上海のリニアモーターカー。2003（平成15）年に最高速度430㎞で、商業運転を開始し、ギネスブックに登録された。

一方、新幹線では、最高時速405㎞の性能を持ち、時速360㎞運転を目標とした車両が2005（平成17）年6月に落成し、東北新幹線で走行試験が開始されることになっている。熾烈なスピード競走はどこまでもつづきそうだ。

第3章

これって信じられる?

鉄道の歴史に潜む謎の数々

▽戦前には東京発ヨーロッパ行きの鉄道切符があった!

「東京~モスクワ」の鉄道切符……という、現在では考えられないような切符が戦前にはあった。「東京~モスクワ」だけでなく、「東京~パリ」「東京~ロンドン」「東京~ベルリン」など、今日では飛行機の切符かと思うような国際連絡切符が、戦前、国鉄によって発行されていたのだ。もちろん、さまざまな路線の乗り継ぎになるため、切符は小さな冊子式だった。

こういった国際切符発行のきっかけは、1905(明治38)年に下関と釜山《プサン》を結ぶ関釜《かんぷ》連絡船が開通し、大陸との往来が盛んになったためである。外国人観光客誘致などの目的から、1907(明治40)年、当時の国鉄が英国のトーマス・クック商会と提携し、国際切符の発行に踏み切った。

さらに、1912(明治45)年には、外国人観光客誘致を狙って新橋~下関間に特別急行列車「富士」が登場した。

「富士」は当時で最も豪華な列車であり、洋食堂車や展望車も連結された。英語の心得のある列車長が乗車し、車内の注意書きは日本語と英語の両方を表記。特別室には、吊灯籠《つりどうろう》式の照明に窓カーテンはすだれ模様と、外国人が喜びそうな日本趣味が取り入れられた。

また、外国人観光客だけでなく、日本から仕事や旅行でヨーロッパに行く人々も、この「富士」に乗るのが一般的だった。

ジャパン・ツーリスト・ビューロー発行の『汽車時間表』など、戦前の時刻表には「歐亞《おうあ》聯絡《れんらく》」という欄があり、東京～下関間のダイヤだけでなく、下関～釜山間を結ぶ関釜連絡船、釜山から満州の新京に至る鉄道、新京から国境の満洲里《マンチユウリー》にいたる鉄道、満洲里～莫斯科《モスクワ》間を結ぶモスクワ鉄道の発着時刻も記載されている。それによると、東京を出て11日ほどでモスクワに到着していたようである。

ほかにも、敦賀《つるが》からウラジオストクに渡り、シベリア鉄道経由でヨーロッパに入るルートがあったが、この釜山～新京～ハルビン経由のルートが最短だった。

旅客機のなかった戦前にヨーロッパまで行くにはあとは船を使って大陸沿いに回るしかないが、当然、日数は何倍もかかる。急ぐ人はこの国際鉄道を利用したといわれている。

▽故郷に錦を飾る第一歩、「出世列車」とは何だったのか？

高度経済成長時代、地方の中学校を卒業した若者たちが、集団で同じ列車に乗って、就職先がある東京や大阪に向かった。それらの列車は「集団就職列車」と呼ばれ、両親や教師に見送られて故郷を出発し、都会の人々に出迎えられた。

とくに1963（昭和38）年春からは、当時の労働省が中心になって各県別に集団就職列車を運転し、運賃を政策的に通常の2割引きとしたほどだ。当時、中卒者の求人数は就職希望者の3倍もあり、中卒就職者は「金の卵」ともてはやされた。

同じ年に中卒で就職した者は、全国で約46万人。そのうち7万8407人が集団就職列車を利用したという。だが、この「集団就職列車」に対し、「出世列車」と呼ばれた列車もあった。

「出世列車」とは、集団就職した若者たちが帰省に用いた列車のうち、急行料金のかかる列車をさしている。

今日では、遠距離の帰省といえば、車のほかに飛行機や新幹線がよく利用されるし、

出世列車として憧れの的であった「津軽」

夜行列車といえば寝台特急が一般的である。

　しかし、昭和30年代や40年代には、各駅停車の長距離列車も珍しくなかった。

　急行や特急も走っていたが、急行料金や特急料金が必要で、誰もが乗れるものではなかった。

　だが、集団就職で都会に出ていった人々のなかには、苦労が報われて成功者となった者がいた。こうした人々は立派な身なりをして、荷物をたくさん抱え、急行列車や特急列車で帰省したのである。

　そのために、都会で成功した者が帰省に利用する急行列車や特急列車は、「出世列車」と呼ばれるようになったのだ。

　なかでも出世列車の典型だったのが、上

野発青森行きの夜行急行「津軽」だった。

当時、上野〜秋田間には特急「つばさ」もあったが、昼の列車だったので、帰省者たちは夜行の「津軽」のほうを好んだ。今より休日の少ない時代だったので、できるだけ時間を有効活用できる夜行のほうを好んだのだろう。

東北地方から東京に集団就職した少年少女たちにとって、「津軽」で帰省するのは故郷に錦を飾る第一歩だった。それも、二等車（現・普通車）ではなく、一等車（現・グリーン車）で帰って、出迎えの人々に出世したと思われたい。そのため、二等車に乗っていながら、降りる直前に一等車のデッキに移動し、一等車に乗ってきたようにみせかけた人もいたという。

▽日本初の駅弁には、何が入っていたのだろうか？

鉄道で旅行するときの楽しみの1つは駅弁だろう。乗車する路線に人気の高い名物駅弁があったりすると、「この駅でこの駅弁を買おう」などと計画を立てる人も多い。

この駅弁は、1885（明治18）年7月16日、当時の半官半民の私鉄・日本鉄道の大宮〜宇都宮間（現・JR東北本線の一部）が開通したとき、宇都宮駅で販売されたのが最初といわれている（日本初の駅弁には、ほかにもいろいろな説が出されている）。

鉄道建設中の視察で何度も宇都宮を訪れた日本鉄道の幹部たちが、いつも宿泊していた宇都宮駅前の旅館白木屋に、弁当を売るよう熱心に勧めたという。そこで白木屋は鉄道開通と同時に駅弁を売り出した。

日本初のこの駅弁は、梅干しの入ったおにぎり2個にたくあん2切れを添えた竹の皮で包んだだけの簡素なもの。「汽車弁当」と名づけられ、値段は5銭だった。

当時、米1升が3銭、もりそばやかけそばが1銭の時代である。おにぎりとたくあんだけで5銭というのはいかにも高い。

今日でも、駅弁の値段は、街角の持ち帰り弁当やコンビニ弁当などに比べて高いように思えるが、昔もやっぱり駅弁は高かったのか……。

それでも汽車弁当は好評だったようで、やがて各地の駅で同じようなおにぎり弁当が売られるようになっていった。

今日、もっとも代表的な駅弁である幕の内タイプの駅弁は、1888（明治21）年、私鉄の山陽鉄道（現・JR山陽本線）の姫路駅ではじめて登場した。

駅弁は、登場してまもない頃は、駅舎やプラットホームの売店でのみ販売されており、乗客はホームに降りて買わなければならなかった。

だが、1897（明治30）年から、東海道線の国府津《こうづ》駅で、売り子がホームを移動しながら乗客に駅弁を売るようになった。これが車窓から買う駅弁販売の最初といわれており、その後、全国に広まっていったのである。

今日では窓の開閉ができない列車が増えたので、駅弁の車窓販売はほとんど姿を消し、新幹線や特急では車内販売がこれに代わっている。

▽貧乏人は食堂車利用禁止！マナーが悪いと差別されていた三等客

貧乏人は服装とマナーが悪いから、金持ちの客を不快がらせないよう、食堂車を利用してはならない……。

今日、こんな規則をつくる鉄道会社があったら、いっせいに非難を浴びるだろう。

こんな現代では考えられないような規則が、日本初の食堂車にはあった。

日本ではじめての食堂車は、１８９９（明治32）年、山陽鉄道（現・ＪＲ山陽本線）の京都〜三田尻（現・防府《ほうふ》）間を走る急行列車に設けられた。利用できるのは一等車と二等車の乗客に限られ、三等車の乗客は利用できなかった。

食堂車が一等車と二等車の乗客だけで満席になったのではない。三等車の乗客には服装やマナーの悪い者が多いので、一等車と二等車の乗客に不愉快な思いをさせるという理由から、三等車の乗客には食堂車を利用させないというのだ。

山陽鉄道は先進的な経営で有名な鉄道会社だったが、それでもやはりこういった社会階層の差による差別意識は持っていた。

明治時代ではそれが一般的な意識だったのだろう。

もっとも食堂車による三等客へのサービスがなかったわけではない。三等客が食事を希望した場合は、列車が駅に停車している間に、給仕人がプラットホームを通って三等車の車両に運んだ。

乗客の多い今日では考えられないサービスだ。

その後、１９０３（明治36）年、山陽鉄道は、「三等車の乗客も服装やマナーの見苦しい者ばかりとは限らない」という理由で、三等客の食堂車利用を認めた。

だが、このときも、三等客の利用は食堂車が空いているときという条件付きのうえ、一等車と二等車の通り抜けを禁じたままだった。

三等客が食堂車を利用するときは、食事時間をはずし、列車が駅に停車している間に、プラットホームを通って食堂車に行かなければならなかったのだ。

▽日本初の鉄道運賃は現在の価格にするといくらくらい?

1872(明治5)年6月12日、日本初の鉄道である品川~横浜(現桜木町、現在の横浜駅とは異なる)間が仮開業した。

初日は2往復だった列車は、翌日から6往復、8月11日から8往復にと本数が増えていったというから、なかなかの人気だったようである。

さらに同年10月14日、新橋~横浜間が本開通し、翌日から旅客列車が1日9往復を開始した。開業当時は定員18名の上等車が1両、定員24名の中等車が2両、定員44名の下等車が5両の8両編成だった。

この開業当初の新橋~横浜間の運賃は、上等が金1両2朱(1円12銭5厘)、中等が金3分（75銭）、下等が金1分2朱（37銭5厘）だった。

当時の米1升（約1・5kg）の値段は約3銭5厘だったから、現在の米の価格を10kg5000円として現在の貨幣価値に換算してみれば、上等は2万4000円ほど、下等でも8000円ほどにあたる。

2万4000円といえば、現在なら、新幹線で東京〜博多の金額だし、下等の8000円でも、普通列車で東京から京都の先あたりまで行けるくらいの金額だ。

現在のJR東日本の新橋〜横浜間450円と比べれば、下等運賃でも約18倍だ。

これでは貧乏人には利用しづらい。暮らし向きに多少の余裕のある人が、奮発してやっと乗れるといったところではなかっただろうか。

そのためか、定員286名の列車が1日9往復していながら、実際の乗客数は1日3400〜3900人で、65〜75％程度の乗車率だった。

とはいえ、当時、人力車で新橋〜横浜間を移動すれば、下等料金よりかなり高い62銭5厘かかり、蒸気船でも下等料金とそう変わらない31銭2厘5毛もかかっている。

そもそも庶民が徒歩以外の手段で旅行しづらい時代であり、汽車賃だけが高いともいえないのだ。

その後、鉄道運賃は少しずつ値下げされ、1889（明治22）年には距離比例制、1899（明治32）年には遠距離逓減《ていげん》制が導入された。

こういった料金体系の変遷を経て、鉄道はしだいに庶民にも利用可能な交通手段となっていったのである。

▼「ゆいレール」開通まで鉄道がなかった沖縄に、戦前走っていた列車とは？

沖縄県は、沖縄都市モノレール「ゆいレール」（那覇《なは》空港〜首里《しゅり》）が2003（平成15）年に、開通するまで、日本で唯一鉄道のない県だった。

だが、沖縄にずっと鉄道がなかったわけではない。戦前には沖縄にもちゃんと鉄道が走っていた。

沖縄最初の鉄道は、1914（大正3）年5月に開業した那覇〜首里間の路面電車であった。続いて同年10月末、那覇〜与那原《よなばる》間を結ぶ沖縄県営軽便鉄道「与那原線」が竣工し、翌月に試運転が行なわれ、12月1日に開業した。

与那原線建設のきっかけとなったのは、1910（明治43）年に公布された軽便鉄

在りし日の沖縄県営鉄道

道法である。

　この法令により、国鉄の通っていない地方に国鉄より小さな設備の鉄道が建設できるようになった。

　そうすると、各地で地元に鉄道をつくろうという動きが起こり、全国的な軽便鉄道ブームが起こったのだ。

　沖縄でも、商人などによる軽便鉄道や馬車軌道の建設計画が生まれては、立ち消えになっていく中で、ついに県が軽便鉄道建設に踏み切ったのである。

　沖縄県営軽便鉄道は１９１９（大正８）年に沖縄県営鉄道と改称し、１９２２（大正11）年に嘉手納《かでな》線、１９２３（大正12）年に糸満《いとまん》線が開通して、全長約48㎞の県営鉄道網となった。

また、これら軽便鉄道とは別に、2年後には与那原〜泡瀬《あわせ》間に沖縄馬車軌道、4年後には糸満〜垣花《かきのはな》間に糸満馬車軌道が開通した。

つまり、沖縄にはかつて、路面電車・軽便鉄道・馬車軌道という3種類の鉄道からなる鉄道網が張り巡らされていたのだ。

それなのに鉄道のない県になったのは、戦争が原因である。

1944(昭和19)年、太平洋戦争の激化により、北満州からの部隊が沖縄に上陸し、沖縄県営鉄道は7月10日ごろから軍用鉄道にされてしまった。

さらにその3か月後の10月10日、那覇市内の8割が焼け野原となる大空襲があり、那覇駅周辺も大きな被害を受けたのだ。

それでも無事な線路は軍事用や避難用に用いられたが、翌年3月の終わりごろに嘉手納線が運行を停止し、数日後には、国場《こくば》駅で蒸気機関車が被弾して破損したという記録を最後に、与那原線と糸満線もなくなってしまった。

戦後、鉄道復興の計画はあったが、なぜだか消えてしまい、ゆいレールの誕生まで、ついに鉄道は復活しなかったのだ。

▽起源は明治時代？女性専用車運行の昔も今も変わらぬ理由とは？

２００５（平成17）年５月から国土交通省の要請を受け、東京メトロ、都営地下鉄、東武、西武、小田急、京成など首都圏の９つの鉄道会社が女性専用車両を導入した。関西、名古屋に比べ、導入が遅れていた関東でも、これを機に一気に普及が加速しそうだ。

この女性専用車、なんと明治時代にも存在した。１９１２（明治45）年に東京の中央線に日本初の女性専用車が走ったのである。

女性専用車を導入した理由は、現在とほぼ同じだった。当時の中央線は毎朝８時半前後と午後３時半前後に男女の通学生で混雑したが、男女別学の時代だけに、男子学生たちにとって、通学電車に乗っている時間は、女子学生に接するまたとないチャンスだった。

女子学生にラブレターを渡して誘惑する男子学生も現れた。それだけならまだしも、わざと体に触れるなどの痴漢行為を働く者もいたので、女子学生たちは、電車を避けて、遠い学校まで人力車や徒歩で通学するようになっていた。

新橋にあった中部鉄道管理局には、当時の学習院院長・乃木希典《のぎまれすけ》や女学生の父兄から苦情が届く。鉄道側としては、女子学生が列車を利用しなくなるのも問題である。そこでついに女性専用車の導入を決定。沿線の各女学校に女性専用車の利用を呼びかけた。

女性専用車は、2両編成の後部車両に「婦人専用」の札をつけ、通学時間帯だけの運行ながら、女子学生たちに好評だったという。

その後、中央線では、1947（昭和22）年にも「婦人子供専用車」が設けられ、同年中に京浜東北線にも採用された。

こちらの導入理由は痴漢防止のためではなく、戦後の混乱期で、女性や子供が電車に乗るのは難しいという状況が続いたため、女性と子供を保護するのが目的だった。

▼いまでは考えられない明治時代の女性乗務員の採用条件とは？

日本の鉄道で最初に女性乗務員を募集したのは、明治時代の讃岐《さぬき》鉄道（現・JR予《よ》讃線《さん》）である。讃岐鉄道は、１８９８（明治31）年に日本初の女性出札職員の採用を計画した。しかし、女性の社会進出に抵抗の強い当時の社会風潮のため、応募者もほとんどなく、計画は頓挫《とんざ》してしまった。

だが、4年後の１９０２（明治35）年、高松市で開催された関西二府一六県連合共進会で、女性の案内係を募集したところ、数十人が応募した。駅の出札係だと抵抗があっても、イベントの案内係であれば抵抗がなかったのかもしれない。

そこで、讃岐鉄道は、まず試験的に女性の列車喫茶室給仕を募集し、その結果によって出札職員や事務職員にも女性を起用しようと考えたのである。

これは、明治時代としては画期的な試みだったが、その採用条件はやはり時代を反映している。採用条件は「普通教育（小学校卒業）ある者」「身体強健の者」「既往の履歴に毫末《ごうまつ》も汚点なき者」などのほか、「容貌醜悪《ようぼうしゅうあく》ならざる者」「品行方正の処女たるべきこと」など、今日なら「セクハラ！」と非難を浴びそうな項目が、採用資格に入っていたのである。

こういう条件をみても明治の女性たちは腹を立てなかったようで、数十人が応募し、8人が採用され、彼女らは日本初の女性乗務員となった。代議士の娘や音楽隊隊長の娘など、名士を父に持つ良家の子女が多かったという。

つづいて1906（明治39）年、南海鉄道が難波《なんば》〜和歌山間の急行列車に喫茶室の車両を連結し、女性職員を乗務させた。コックや会計係と女性乗務員2人が、かんたんな西洋料理と和洋の飲み物類を販売したのである。

こちらも美人を選んで採用したようで、乗客のなかには、女性乗務員にすっかり惚《ほ》れこんで、用もないのに難波〜和歌山間を往復したり、ラブレターを渡す者も多かったという。

つづいて女性が進出したのは、車掌である。岐阜市の美濃《みの》電気鉄道が、第一次世界大戦などの影響で男性乗務員不足に陥ったため、1918（大正7）年に女性を採用し、これが日本初の女性車掌となった。

コラム　かつて女性ばかりの地下鉄があった！

鉄道マンという言葉があるくらい、鉄道は男性のイメージが強い。しかし、かつて、駅員が女性ばかりの地下鉄があったのだ。

それは戦時中の営団地下鉄（現東京メトロ）である。太平洋戦争中、男性の職員は召集され、兵隊になっていったため、職員不足に陥った。それを補うために女性の駅員を増やしたのである。

当時は自動改札などなく、彼女たちは改札口で切符に印を押したり、切符を受け取ったりしていた。

車掌にも女性職員は増え、女性の運転士まで登場したという。当時の男女比を調べた記録がないので、たしかなことはいえないが、駅員の9割近くが女性だったという話もあるほどだ。

▼あの「ひかり」や「のぞみ」がかつて大陸を走っていた？

「ひかり」に「のぞみ」といえば、いうまでもなく、東海道・山陽新幹線でおなじみの新幹線だ。先に登場した「ひかり」は後発の「のぞみ」に少し押され気味だが、どちらも日本を代表する超高速列車である。

と思ったら、なんと、かつて「ひかり」と「のぞみ」が朝鮮半島を縦断して中国大陸を走っていた時代があった。東海道・山陽新幹線の「ひかり」と「のぞみ」と同じように、大陸の「ひかり」と「のぞみ」も同じ路線を走っていたのだ。

もちろん、大陸の「ひかり」と「のぞみ」は、名前が同じでも東海道・山陽新幹線の「ひかり」「のぞみ」と別の列車である。

戦前、日本は朝鮮半島を植民地にすると、総督府鉄道を建設した。「ひかり」は、その総督府鉄道における最初の名前付き急行列車で、１９３３（昭和8）年に登場した。下関からの船が着く釜山《プサン》から北上し、満州（現・中国東北部）の奉天《ほうてん》まで、27時間55分で走った。

翌年11月、路線は奉天の北東に位置する新京まで伸び、「ひかり」はより速く、26時間40分で釜山〜新京を結んだ。

もう一方の「のぞみ」も急行列車で、１９３８（昭和13）年の新京延長と同時に釜山〜奉天間に登場し、これらの都市を28時間12分で走った。

大陸の「のぞみ」は、スピードでは「ひかり」に負けていたのである。

戦時中に日本が朝鮮半島と満州につくった鉄道には、この「ひかり」と「のぞみ」

のほか、「あかつき」「大陸」「あじあ」「興亜」「はと」「あさひ」といった名前を持つ列車が走っていた。これらの列車名は、大陸でのみ用いられた名称である。

このうち、「大陸」と「興亜」は、奉天で「ひかり」や「のぞみ」などと分岐し、満州と中華民国の国境を越えて北京まで走っていた。

▼明治時代からすでに新幹線をつくろうとしていた！

日本初の新幹線である東海道新幹線は、1964（昭和39）年に開通したが、じつはそのはしりともいえる計画は、なんとそれより半世紀以上も早く、明治時代に登場していた。

1907（明治40）年、日本初の電車を走らせた工学博士・藤岡市助や京浜急行の創立者・立川勇次郎らが、「広軌高速電気鉄道」の建設を立案したのである。

日本の鉄道は線路の幅が1067㎜の狭軌で建設がはじまったが、「欧米と同じ1435㎜幅の標準軌にすれば、もっとスピードが出せるし、大量輸送ができる」と、鉄道の専門家たちが具体的な計画を立てたのだ。

彼らの計画は、線路の脇に送電用のレールを設置し、30分間隔で電車を走らせ、東京〜大阪間を6時間で結ぶ……というものだった。平均時速は90km近く、明治時代としては画期的なスピードだった。だが、政府は、国営の東海道本線が競争に負けるのを心配して、この出願を却下してしまった。

それから、30年の年月が流れた。

1937（昭和12）年、日中戦争が勃発し、大量の軍需物資を中国大陸に輸送する必要が生じたのだ。すると今度は、大陸への船便が出航する下関と東京を結ぶ「弾丸列車」が計画された。

前回同様、東海道線と並行に標準軌の線路を敷き、最高時速200kmという桁違いに速い列車を走らせる計画だった。東京〜大阪間を最短4時間、東京〜下関を最短9時間で結ぶというものだ。

下関からは船で朝鮮半島に行き、朝鮮半島からは南満州鉄道を経由して中国やシベリア、さらにはヨーロッパまで達する鉄道網を敷こうという壮大な計画だった。

技術的に可能なら、海底トンネルを掘り、下関と朝鮮半島を鉄道で結ぶという計画まであったという。

だが、太平洋戦争が始まり、戦局が悪化したため、工事は中断された。弾丸列車計画はそのまま終戦を迎え、計画は挫折してしまった。

戦後、高度成長期を迎え、東海道新幹線が完成したが、なんと弾丸列車計画時に買収されてつくられたトンネルや用地が引き継がれているのだ。

ルートも名古屋～京都間を除き、現在の東海道・山陽新幹線は弾丸列車計画とほぼ同じである。挫折した弾丸列車計画は、60年の時を経て、東海道・山陽新幹線となって蘇ったのだ。

コラム　新幹線という地名がある!?

「弾丸列車」計画は1940（昭和15）年から、1943（昭和18）年まで、工事が行なわれた。そのとき、静岡県の伊豆半島を通すため、用地の買収や長いトンネル工事が実施された。

このとき新丹那《たんな》トンネル付近で「新幹線」という地名が誕生し、今日まで残されている。これは工事の際の基地だったところだといわれている。

▽死者まで出た！トイレがないために起こった珍事件

鉄道が開通してまもないころ、列車にはトイレがついていなかった。乗車中にトイレに行きたくなれば、目的地に着くまでガマンするか、列車が駅に停まっているあいだに用を足すことになる。なかには、駅まで待てずに車内で用を足したり、窓から放尿する人もいたらしい。

日本初の鉄道が誕生した1872（明治5）年交付の「鉄道略則」と、その付録の「鉄道犯罪罰例」では、それを禁じる条項を定めてあったのだが、翌年3月にさっそく違反者が出た。乗車前にトイレにいきそびれた乗客が、列車の窓から小便をして、鉄道犯罪罰例に基づき、罰金10円を科せられたのだ。

そのあとも、同じ罪状で罰金10円を払った人は何人も出た。

当時の10円は、米が200升以上も買える大変な金額だった。道端で立ち小便した人の罰金が5銭といった記録が残されているから、列車内での小便はずいぶん罪が重かったのだ。

その後、路線が延長され、長時間乗車する人が増えても、列車にトイレはなかなか設けられなかった。そのため、列車が駅に停まったときに、多くの乗客が一度に駅のトイレに殺到したり、トイレに入っている間に列車が出てしまうというトラブルもよく起こった。

それればかりか、列車にトイレがないのが原因の死亡事故まで起こっている。

1889（明治22）年4月、宮内省（当時）の政府高官が東海道本線藤枝駅でトイレのために下車している間に、列車が動きだした。

あわてた彼は、駅員の止めるのも聞かず、動いている列車に飛び乗ろうとした。だが、乗りそこねて転落し、列車にひかれて死んでしまったという。東海道本線にトイレ付き車両が導入される直前のことであった。

▼明治時代にもあった海の上を走る鉄道

海の上を鉄道が走る……というと、東京の臨海部を走る「ゆりかもめ」や神戸のポートライナーのような近代的な鉄道が思い浮かぶところだが、じつは、明治時代にも海の上を走る鉄道があった。

新橋～横浜に開通した日本初の鉄道では、芝浦～品川間と横浜近くの野毛海岸の2か所で、海に築かれた土手の上を走っていたのだ。

海の上にそんな土手をつくって線路を敷くのはたいへんそうだが、陸上ではなく海に鉄道を通したからにはわけがある。

まず、芝浦～品川間のほうは、陸上に鉄道用地を確保できなかったからである。鉄道を敷くために沿線住民からの理解と賛同を得たり、土地を買収して用地を確保するのは、今日でもたいへんだが、日本初の鉄道ではなおさらだった。

新橋～品川間には多くの建物があったが、鉄道を知らない人々に、鉄道があれば便利だとわかってもらうのはたいへんなことだ。なかでも強硬に立ち退きを拒んだのが、芝にあった軍関係の施設だった。

そこでやむなく海の上に鉄道を敷くことにしたのだが、今度は漁師たちから反対が出た。当時の東京湾は豊富な漁場で、浅草海苔の養殖も行なわれていた。海への出口を土手で塞がれては、船を出すこともできなくなるからだ。この問題は、土手に船の通れる出入口を設けることで解決した。

もう一方の野毛海岸は、当時は大きな入り江となっており、海岸を迂回すると遠回りになるため、海のなかに長さ１４００ｍの土手を築いて線路を敷き、その内側の入り江を埋め立てたのである。

こちらの工事は、政府が請負人を募集したところ、横浜の商人・高島嘉右衛門《かえもん》が願い出て請け負うこととなった。工事の条件は、埋立地のうち、鉄道用地と道路用地を除いた残りを請負人の土地とし、税金も免除するが、約束の期間にできあがらなかった場合、１日遅れるごとに３００坪の土地を取り上げる、というものだった。

高島は１０００人以上もの作業員を雇って、約束の期間より早く埋立地を完成させるという離れ業をやってみせた。

横浜の高島町は、この高島嘉右衛門の功績を称えてつけられた町名である。なお彼は後日、易学の研究をして『高島易断』という大著を著した。

▽電車に向かって敬礼！　という「お召し列車」とは？

天皇・皇后両陛下だけが使うことのできる特別仕様の列車を「お召し列車」という。

最近では、2001（平成13）年に、ノルウェー国王夫妻を、両陛下が鎌倉に案内されたときにお目見えしたのが、じつに25年ぶりの登場だった。

このときは東京駅に列車だけが運ばれ、東京駅からの乗車となったが、明治神宮に近い山手線原宿駅には、「お召し列車」専用ホームがあり、かつてはここから発着した。

戦前までは、「お召し列車」が通過する駅には、沿線の小中学生を集めて、ホームで整列したうえ、通過の際には「敬礼！」を義務付けたりしていたものだ。

列車は5両編成だが、実際に両陛下が使われる車両は「御料車《ごりようしや》」と呼ばれる1両だけだった。

陛下用に御座所と呼ぶ座席が設けられていて、内装は桃山時代の様式。あとはお付きの人たちのための供奉車《ぐぶ》が前後に2両ずつ連結されている。

車両内は金や金メッキが多用され、豪華な装飾が施されているというが、実際に目にした人は数えるほどしかいないだろう。もちろん安全対策も万全で、窓は防弾ガラスとなっている。

「お召し列車」ならではのことをいえば、列車番号を持たない点が特例中の特例。

気品あふれる「お召し列車」の車内

どんな列車であろうが、ダイヤを滞りなく運行するためには、回送列車にさえ列車番号をつけておくのに、「お召し列車」に番号はついていない。

番号をつけるなど畏れ多いということなのだ。

乗務員も機関士、機関助手から車掌まで、選び抜かれた優秀なスタッフがあたり、誤差0秒の運行を目指す。

これらは庶民の目には滅多にふれることがない。それでも、もし「お召し列車」を見つけたいなら、先頭に日の丸の国旗が交差して掲げられ、丸屋根で切妻タイプの車両を引く列車を探すことだ。

▽戦後の日本をわがもの顔で走った「連合軍専用列車」とは?

国鉄・JRとおして、特別扱いされたのは、天皇・皇后両陛下専用の「お召し列車」だけといっていいが、例外的に戦後の一時期、お召し列車以上に特別扱いされた列車が走っていた。第二次大戦後の進駐軍が、専用列車として走らせた「連合軍専用列車」がそれだ。

戦後の混乱期に、引き揚げやら買い出しやらで、わずかに残ったオンボロ車両に日本人が寿司詰めになっているとき、超豪華な車体と編成で、「連合軍専用列車」がわがもの顔で走り回っていたという。

連合国軍のために国鉄が提供した車両数は、保有客車の1割にも及んだというから、敗戦国の国民はますます寿司詰め列車に追いやられることになったのだ。

車体は明るい茶色に白いライン、展望車、寝台車、食堂車まで連結して、どこへでも出向いた。そのボディの見かけから、日本人は「白帯列車」と呼び習わしたという。

白帯列車の運転開始は1946(昭和21)年の1月31日。はじめは東京〜門司《もじ》間を

「Allied Limited」の名で奔《はし》り、2番列車は東京〜博多間を「Dixie Limited」の名で走った。4月になると、青函連絡船を使って北海道にも渡っており、まさに日本列島を北から南まで、白帯列車が制覇したといえる。

白帯列車はアメリカ第8軍司令官のアイケルバーガー中将が、天皇の御料車の存在を知り、専用列車に要求したことから生まれた。日本側は反発したが、展望車と食堂車だけが守りきれずに接収され、第8軍の使うところとなった。

この接収された車両が連結されるとその列車は特別編成の列車に変わり、戦前のお召し列車以上に厳しい規則で運行されたという。そして、人々は、この特別編成列車を「オクタゴニアン」（八角形の意）と呼ぶようになっていく。第8軍の軍章が八角形だったからである。

▽成田空港までわずか30分！　成田新幹線が幻になったわけは？

現在、成田空港にはJRの「成田エクスプレス」と京成電鉄の「スカイライナー」が成田空港高速鉄道を使って乗り入れている。じつは、これは空港建設当初の予定とは違う。本来の計画では、この路線に成田新幹線が走るはずだったのだ。

成田新幹線は、1972（昭和47）年に一部で工事が着工され、1976（昭和51）年に完成予定だった。完成すれば、延長65㎞、東京～成田空港間を30～35分で結び、1時間に3往復、1日90本の列車が走る予定だった。それなのに成田新幹線が実現しなかったのは、地元の猛反対による。

現在の成田高速鉄道線とJR成田線の分岐点がある成田市土屋付近から東京までは、人口が密集する住宅地。新幹線が走れば騒音や振動が沿線住民の生活を脅かす。それに、新幹線によって市街が分断されれば、沿線自治体の都市計画や土地区画整理事業が台無しになるという問題もあった。

それでも、沿線住民にとって、新たに建設する鉄道が利用価値が高かったり、地域の振興になりそうなら、メリットを考えて建設に賛成した人もいたかもしれない。だが、ただ通り過ぎていくだけの新幹線では沿線住民の恩恵は何もない……というので、沿線の住民や自治体から猛反対が起こり、用地の買収もままならなかったのだ。

そのため、当時の運輸省や国鉄がさまざまな代案を出しているうちに、成田新幹線計画は放棄されてしまった。

その後、１９８８（昭和63）年、当時の運輸大臣・石原慎太郎氏が、完成している成田新幹線の施設を利用して在来線を建設し、ＪＲ成田線と結んで東京～成田空港間の列車を走らせるという計画を発案した。これに基づいて、ＪＲ東日本、京成電鉄、航空会社各社や地元自治体が出資して、成田空港高速鉄道が設立され、ＪＲ東日本と京成電鉄から電車が乗り入れるようになったのである。

▽交通博物館として残るかつての東京の中心駅 万世橋駅

東京、神田須田町に、かつて万世橋《まんせいばし》駅という駅があった。昌平橋《しょうへいばし》仮駅（現在の御茶ノ水駅近く）～中野駅まで運行していた中央線のターミナル駅として１日２万人もの利用客を誇っていた。その規模は、東京内で上野、新橋、新宿に次ぐほどだったのである。

万世橋駅が開業したのは、１９１２（明治45）年。設計は、後に東京駅の建築も任された辰野《たつの》金吾《きんご》で、ターミナル駅にふさわしい立派な建物であった。その建物の様子は、開業前日の『時事新報』にも報じられている。

記事によれば、新しく建てられた万世橋駅の外観は、赤レンガと御影石で造られ、内部の床構造は鉄とコンクリート、屋根はすべて鉄製と目を惹《ひ》くものだった。東京駅が誕生する前だったから、なおさらだろう。

駅の上階には多くの食堂と事務室があり、大広間を取り囲むように一、二、三等、女性用の待合室もつくられていたという。また、プラットホームからは眼前に神田明《かんだみょう》神《じん》の境内、遠くは上野の森や下谷《したや》方面まで望むことができた。外神田や日本橋一円も眼下に見え、景色もすばらしかったようである。

さらに開業後の同紙の記事には、人々が新駅の開業に集い、そのすばらしさを讃えた様子や、開業日の賑わいも記されている。夜には、須田町を中心とした周辺の地域でも、イルミネーションのようにライトアップをしたというから、そのデビューがいかに周辺の人々に、喜び迎えられた華々しいものであったか、想像に難くない。

しかし、東京の中央駅とうたわれた万世橋駅の賑わいはすぐに終焉《しゅうえん》を迎えることになる。１９１９（大正８）年に中央線が東京駅まで延伸され、１９２５（大正14）年に東北線神田～上野間が開業すると、利用客のほとんどは乗り換えに便利な神田駅へと移ってしまったのだ。

東京のターミナル駅の移り変わり

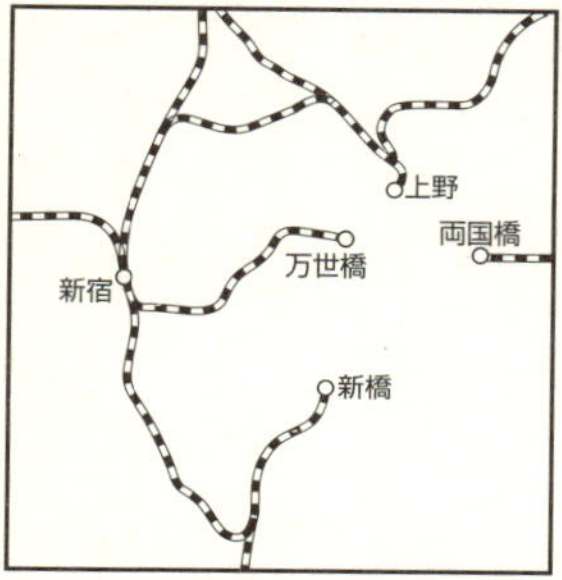

◀万世橋駅がターミナルだった頃（1912年）

当時は東京駅ができる前。この時期の東京では、万世橋、新橋、上野、両国橋が文字通りのターミナル（終着駅）として、機能していた。

中央線延伸でターミナルとしての機能を失う（1919年）▶

1914年に東京駅が完成し、5年後に東京駅まで中央線が延伸される。当時は中野～新宿～東京～品川～新宿～池袋～上野と「の」の字運転を行っていた。

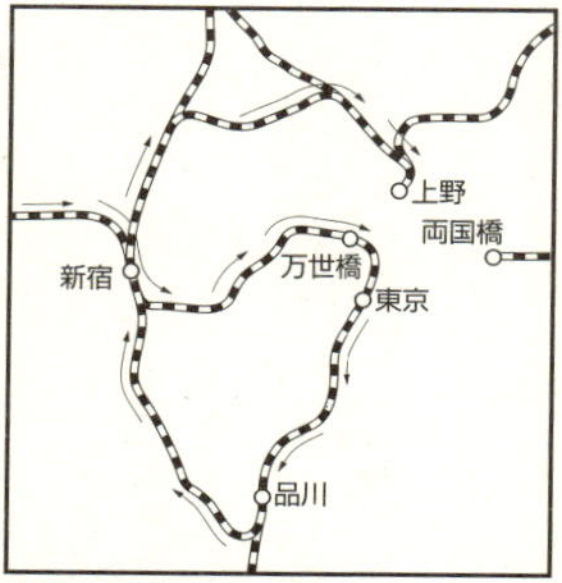

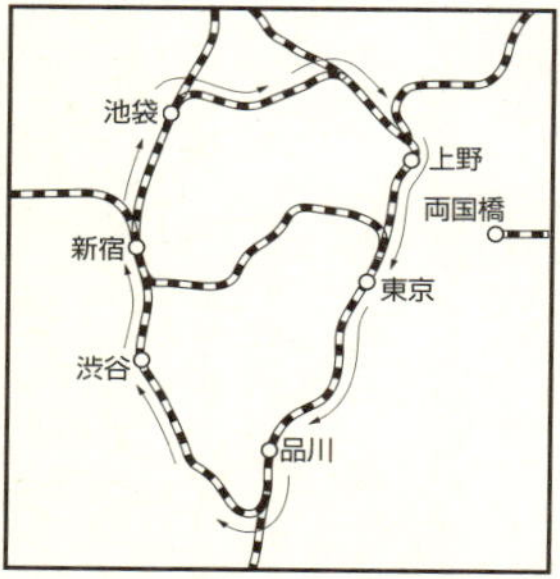

◀山手線が完成し、環状運転を始める（1925年）

1925年に、山手線が環状運転を始める。なお、両国～御茶ノ水間の開業は1932年（前年に両国橋から両国へと改称された）。

さらに1932（昭和7）年に御茶ノ水～両国に総武線が敷かれると、万世橋駅は縮小を余儀なくされ、ついに1943（昭和18）年には実質的に廃駅となる。

万世橋の駅舎の一部は、1921（大正10）年から、鉄道開業50年記念事業として始められた鉄道博物館に利用されており、第二次世界大戦後は、交通博物館として、鉄道以外も含めたさまざまな交通に関する資料館となり、かつて人々の賞賛をあびた駅舎は、今もひっそりと生き続けているのである。

▽いまでは想像もつかない山手線開業の目的とは？

東京のJR山手線は、いまでこそ都心部の移動の足となっているが、本来の開業目的は旅客用ではなかった。

山手線のルーツとなる日本鉄道の品川線は、横浜港に陸揚げされて官設鉄道（現・東海道本線）で運ばれてきた鉄道建設資材を赤羽《あかばね》方面に運ぶために敷設《ふせつ》されたのだ。当時は1885（明治18）年3月、ルートは品川～新宿～池袋～赤羽だった。

日本鉄道は、現在の東北本線・高崎線・常磐《じょうばん》線・水戸線・両毛《りょうもう》線・日光線など、関東北部の鉄道網を敷設した鉄道会社で、品川線に先立って上野～熊谷間をすでに開通させていた。

そこで、品川線をつくって官設鉄道の新橋や品川と上野を鉄道で結び、鉄道建設資材を貨物列車で運ぼうと考えたのである。つまり、品川線は、関東北部の鉄道網建設のために敷かれた鉄道だったのだ。

新宿や渋谷といった現在の山手線西部がまだ繁華街や人口密集地となっておらず、鉄道網が完成途中だった時代ならではの目的といえるだろう。

だが、いざ開通してみると、品川線は、群馬県の生糸や絹織物を横浜まで輸送するために利用されはじめた。明治の富国強兵政策のもと、生糸や絹織物は日本の主要な輸出品となっていたので、その主産地の1つである群馬県と輸出港の横浜を結ぶ品川線は重要な「絹の道」となったのだ。

開通間もないころの品川線は鉄道資材や生糸などの貨物輸送がほとんどで、旅客列車は1日たったの3本しか走っていなかったようだ。

その後、品川線から分岐する池袋～田端間の豊島《としま》線が開通するなど、短絡線がいくつも建設されていくうちに、新橋～品川～新宿～池袋～田端～上野が鉄道で結ばれた。

山手線は、最初から環状に計画されたのではなく、短い路線をいくつもつくってつなげていくうちに、環状になっていったのだ。

さらにその沿線の人口が増えるにつれて、鉄道は旅客輸送にも重要な役割をはたすようになった。そして品川～大崎間を皮切りに、旅客路線と貨物路線の分離がはじまったのである。1925（大正14）年までに品川～田端間全線が複々線化して貨物専用線を分離した。

こういった経過で、山手線は現在の旅客路線となっていったのだ。

▽押すな押すなの大評判！　東洋初の地下鉄誕生秘話

日本ではじめて地下鉄を建設したのは、「地下鉄の父」と呼ばれる早川徳次《のりつぐ》であった。早川は、1881（明治14）年に山梨県で生まれ、郷里の先輩で鉄道王と呼ばれた東武鉄道の根津嘉一郎《ねづかいちろう》の知遇を得たのち、欧米の鉄道を視察した。このとき、彼は、ロンドンの地下鉄を見て、東京にも地下鉄が必要だと考えた。

こういった新しい事業を実現するには、まず技術的・経済的に可能かどうかを調査し、可能であれば当局を動かして免許を取り、会社を設立したり資金を集めたりしなければならない。

これは地下鉄建設に限らず、あらゆる事業にいえることだが、ひとりで全部行なうのはなかなか難しい。ふつうなら、技術に詳しい人や経済に強い人など、何人かが協力するところだ。

だが、早川はこれを全部ひとりで行なった。

技術については、東京のような低湿地に地下鉄をつくるのは難しいといわれていたのだが、彼は、地質図や井戸の水位などをみずから調べて、工事は可能だと判断した。

また、地下鉄は経済的に無理だという意見もあったが、早川は、自ら街頭に立ち、歩行者や車の交通量を調べたといわれている。

そして、早川が中心になって東京軽便鉄道を設立して免許を申請し、社名を東京地下鉄道に改名した。

こうして１９２５（大正14）年に上野～浅草間の地下鉄工事が始まり、１９２７（昭和２）年に開業した。

この上野～浅草間の運賃は10銭で、市電よりも高かったが、所要時間がわずか５分と速く、東洋で唯一の地下鉄として評判を呼んだこともあって、乗客は多かった。

順調なスタートを切り、銀座、新橋と路線を延ばしていった東京地下鉄道だが、東京横浜電鉄（現 東急）社長・五島《ごとう》慶太の東京高速鉄道が渋谷駅から新橋駅に達すると、両社は相互乗り入れをめぐって対立する。結局、1940（昭和15）年、早川は敗れて東京地下鉄道を去った。

不本意な引退を余儀なくされた早川だが、彼の偉業を称えてつくられた早川徳次像は、今日も銀座駅の地下プロムナードに残されている。

QUIZ

日本に10もある、もっとも多い同名駅名はなに？

日本には1万近くもの鉄道の駅があり、じつにさまざまな駅名がある。これだけ駅があるとまったく同じ名前の駅ができてしまうこともあるだろう。もちろん、同じ鉄道会社の間で、同名の駅があるとトラブルの元。あの巨大鉄道網を誇るＪＲでも、同名の駅はあまり存在しない。

鉄道おもしろデータ集

駅名雑学

市役所前駅がある市	函館市、千葉市、福井市、長野市、豊橋市、御坊市（和歌山県）、広島市、松山市、熊本市、鹿児島市			
県庁前駅がある県	千葉県、富山県、兵庫県、広島県、愛媛県、沖縄県			
主なＪＲの同名駅	大久保※	奥羽本線	白　石	函館本線
		中央本線		東北本線
		山陽本線		肥薩線
	新富士	東海道新幹線	郡　山	東北新幹線ほか
		根室本線		関西本線
	福　島	東北新幹線ほか	金　山	根室本線
		大阪環状線		中央本線
日本一長い駅名	ルイス・C.ティファニー庭園美術館前（一畑電鉄）			
日本一短い駅名	津（ＪＲ紀勢本線、近鉄名古屋線、伊勢鉄道）			

※大久保駅は近鉄京都線にも存在する　※路面電車、地下鉄などすべての駅も含む

トラブルが起こらないように、昔の国名をつけたり東西南北といった方角を用いることで、区別を図っているようだ。

しかし、鉄道会社が異なっていれば、同じ駅名があっても不思議ではない。

多くの路線が集まる新宿駅のように、近くにあるのであれば、むしろ同じ駅名のほうが利用者にはわかりやすい。

また、都市が違えば、同名の駅は多数存在する。

もっとも多い同名駅は、函館、千葉、福井、長野、豊橋、御《ご》坊《ほう》、広島、

松山、熊本、鹿児島の全国10都市に存在する「市役所前」駅。この10の市役所前駅のうち、7駅は路面電車の駅名。地元の人が利用することの多い路面電車では、市役所前駅が必要なのだ。

ちなみに、名古屋市営地下鉄には「前」が抜けた市役所駅があり、京都市役所前駅など、自治体名がついた駅名が全国で8つある。

さらに県庁前駅も6か所あるという。地名にちなんだ同名駅が多いなか、もっとも多い駅名は、人々の生活に身近な公共施設に由来する駅名だったのだ。

一見、固有名詞とは思えないようなシンプルな名前だが、その地に住む利用者にとっては、わかりやすく、適切な名前なのだろう。

第4章

よーく見ないとわからない！

車両・システムに関する不思議

▽「出発進行！」の意味は「発車！」ではない？

駅に停まっている列車が出発するとき、運転士が右手で前方を指差して「出発進行！」といっている光景をみかけることがある。

この「出発進行」を「発車」という意味だと思っている人が多いが、じつはそうではない。実際、運転士が「出発進行」といったあとの様子をみていると、列車がすぐに発車する場合もあるが、何分間も停まったまま発車しない場合もあるのだ。

では、この「出発進行」とはどういう意味なのか？

これは、ＪＲや私鉄の多くが定めている「指差《しさ》喚呼《かんこ》」と呼ばれるものの１つだ。運転士や車掌が信号や標識を確認するとき、たんに目で見ただけで済ませては見落としがあるかもしれない。信号や標識をうっかり見落としてはたいへんなことになってしまう。

こういった見落としを防ぐために、どの信号がどういう表示になっているのか、どんな標識があるのか等々を、指で指したり声に出して、自分自身で確認するのだ。

そこで、運転士や車掌は、信号や標識の確認の際、指で指し示し、言葉で確認する「指差喚呼」を行なう決まりとなっているのである。

「出発進行」はこの指差喚呼の1つで、出発信号機が「進行」を示す青になっていることを表わしている。出発信号機は、駅から列車を出発させても安全かどうかを示す信号機で、これが青になれば列車を発車させることができる。

運転士は、停車中も出発信号機を見ていて、それが青になると、右手で信号機を指さして「出発進行」というのである。だが、これはあくまで出発してもいい状態になった時点で口にする言葉なので、「出発進行」といったからといって、すぐに発車するとは限らないのだ。

コラム

ダイヤをつくるスジ屋とは？

どこの世界でも、業界用語や符丁《ふちよう》などその世界でのみ使われている言葉があるが、鉄道会社のそれとして、スジ屋があげられる。

スジ屋とは鉄道のダイヤをつくる人をさし、輸送需要から、車両を最適に運用する鉄道会社の社員のこと。

特急や快速がどこで、普通列車を追い抜くか、ダイヤにどの程度の余裕を持たせるか（これを余裕時分と呼ぶ）を決めたり、乗り換えにどの程度の時間を設けるを考えたりするのがスジ屋の仕事である。

新しい路線を建設する場合も先に、ダイヤをつくることが多い。長野新幹線も駅の設計前にスジ屋がダイヤをつくったというくらい、スジ屋は重要な仕事を担っている。

▽日本の鉄道ゲージ(軌間)はイギリスの植民地仕様だった！

鉄道のレールの幅は軌間《ゲージ》と呼ばれるが、欧米を中心に世界の鉄道の約6割は、1435㎜のゲージを採用している。そのため、1435㎜のゲージは「標準軌」と呼ばれ、これより狭いゲージは「狭軌《きょうき》」、広いゲージは「広軌《こうき》」と呼ばれる。

日本の鉄道は、新幹線、関西の近鉄・阪急・阪神・京阪、関東の京浜急行や京成電鉄、東京メトロの銀座線と丸ノ内線などが「標準軌」を採用しているが、ＪＲの在来線や多くの私鉄など、鉄道の大半は１０６７㎜の「狭軌」を採用している。

レールの幅が広いほうがより大型の車両を走らせることができるし、幅が広いことで、車体の安定がいいので列車のスピードを速くすることもできる。大量輸送や高速輸送のためには、狭軌より標準軌のほうが望ましい。

それなのにどうして日本の鉄道には狭軌が多いのだろうか？　これは、日本初の鉄道を建設するとき、イギリスに技術指導を受けたのが大きな原因となっている。

明治のはじめ、アメリカとイギリスが日本政府に対して鉄道建設の働きかけをしたのだが、イギリスのほうが日本側に有利な条件を出したので、政府はイギリスの力を借りて鉄道を建設することにした。

イギリスは、本国の鉄道には標準軌を採用していたが、植民地のほとんどには１０６７㎜の狭軌を採用していた。狭軌のほうが標準軌よりも短期間に低コストで鉄道を敷けるからだろう。

１０６７㎜の狭軌は、イギリスの植民地によく用いられているところから「植民地仕様」と呼ばれていたのだが、イギリスは、日本の鉄道建設にあたってこのゲージを政府に勧めた。

当時の日本はまだ文明開化が始まったばかりの国だったので、イギリスは植民地と同列に扱ったのである。鉄道に詳しくなかった日本政府は、イギリスに勧められるまま、狭軌で鉄道を建設した。

だが、あとになって大量輸送のためには標準軌のほうがいいとわかり、鉄道建設の推進者だった大隈重信《おおくましげのぶ》や伊藤博文《いとうひろぶみ》は、狭軌にしたことを後悔したといわれている。

▽日本一の急勾配鉄道を生んだ意外な事情

静岡県を流れる大井川沿いを走る大井川鉄道井川線は、別名「南アルプスあぷとライン」とも呼ばれ、夏の緑や涼風、秋の紅葉を楽しめる、観光客に人気のある鉄道だ。

レールの軌間こそJRと同じだが、車両はかつての軽便鉄道よりさらに小型で、見た目のかわいい鉄道である。それなのに、たいへんな力持ちで、90パーミルという日本のすべての鉄道のなかでもっともきつい勾配を登る。

90パーミルというのは、1000m走ったとき、90mの高さを登ったことになる、という勾配である。

そのために大井川鉄道では、この区間だけディーゼル機関車に引かれた車両をアプト式電気機関車で後押しする。井川〜千頭《せんず》間のうち、アプトいちしろ〜長島ダム間の話である。

ここで使われているアプト式とは、2本のレールの間にラックレールと呼ばれる歯形のレールを3本敷いて、機関車の床下から出ているピニオンという歯車と噛み合わせながら登るしくみのこと。

かつては釜飯で有名なJR信越本線の横川駅と軽井沢駅の間でも使われていたが、長野新幹線の開業にともない、廃止され、今ではここでしか見ることができない。

これだけ急勾配の谷に鉄道が敷かれたのは、意外に古く、明治時代にさかのぼる。大井川水系に発電所を建設するため、資材運搬用の専用線が必要だったからだ。発電用ダム建設のために材木運搬の森林鉄道であったのだ。

そのため、ダムや発電所を建設するたびにとぎれとぎれに線路が敷かれた。それらが最終的に1本に結ばれて旅客も運ぶようになり、日本一の勾配を誇る井川線として、生まれ変わった。

▽山を登っているうちに、逆向きになる電車がある

電車で箱根に行くには、小田原から箱根登山鉄道を利用する。小田原から箱根湯本を経由した終着駅が強羅《ごうら》だ。

江戸時代から湯治《とうじ》場として知られる箱根は、明治時代に外国人の来訪を促す観光地として開発が始まった。湯本まではは勾配もゆるく、すぐに開けたが、そこからさらに登った強羅は、この登山鉄道が開通するまでは宿が1軒だけという昔ながらの湯治場だった。

今では小田急ロマンスカーが新宿から乗り入れられるほどだから、箱根湯本まではは勾配もたいしたことはないが、箱根湯本からは、最大で80パーミルという勾配を登らなければならない。この勾配は、電車に乗って前を見ると、レールが垂直にそびえているかのような錯覚を起こさせるほどのものだ。

そこで登山電車建設工事着工に際して取り入れられたのが、スイスで登山列車を走らせているベルニナ鉄道が使っていた粘着方式だった。

スイッチバックしながら登る箱根登山鉄道

粘着方式とは、車輪とレールだけを使う方式だ。90パーミルという日本一の急勾配がある大井川鉄道井川線はディーゼル機関車に引かれた車両をアプト式電気機関車で後押ししているが、こちらは、ただひたすら自力で登るのである。自力で登る鉄道としてはこの箱根登山鉄道が日本一の急勾配である。

勾配のあまりのきつさのため、レールの敷設は、進行方向を変えながら、ジグザグに進むスイッチバック方式が採用された。箱根湯本を出て塔ノ《とうの》沢《さわ》駅を過ぎると1回目のスイッチバックが行なわれ、次の大平台《おおひらだい》駅で2回目のスイッチバックが行なわれる。さらに大平台駅を出たところで3回目のスイッチバックがあり、80パーミルの勾配を征服する。

スイッチバックのたびに進行方向を変えるため、そのたびに運転士が運転席を移動しなければならない。奇数回のスイッチバックだから、最初に箱根湯本を出たときとは逆向きになった車両が、標高600mの早雲山東麓の強羅駅に到着するのだ。

▽鉄道別「上り」「下り」、JRと地下鉄でどう違う?

日本の鉄道のほとんどは、列車の進行方向が「上り」「下り」で表わされる。どちらを「上り」でどちらを「下り」にするかは、北に向かうのが「上り」の路線もあれば「下り」の路線もあったりして、東西南北の方角とは関係なさそうだ。いったいどういう基準で決められているのだろうか?

結論からいけば、東京に近いほうに向かうのが「上り」、東京から遠いほうに向かうのが「下り」だ。

1872(明治5)年に最初の鉄道が新橋~横浜間に開通したとき、新橋方面行きを「上り」、横浜方面行きを「下り」として以来、東京からの遠近で「上り」と「下り」が決められてきたのである。

この原則は、戦前にはなんと海外にまで適用された。

現在の韓国では、首都のソウルから地方に向かう列車を「下行《ハヘン》」、地方からソウルに向かう列車を「上行《サンヘン》」と呼んでいるが、これは、1910（明治43）年の日韓併合から終戦まで、ソウル・平壌《ピョンヤン》から見て、東京に近い釜山《プサン》方面に向かう列車を「上り」、その逆に釜山から北上する列車を「下り」としていたのを引き継いだのだ。釜山のほうが東京に近いからである。

朝鮮半島だけでなく、台湾・樺太《からふと》・満州など、日本に占領された土地でも、東京に近いか遠いかによって「上り」と「下り」が決められた。

現在でも、日本国内の鉄道は、ほとんどが東京を基準に「上り」と「下り」が決められているが、例外もある。

まず、近鉄の奈良線や大阪線は、本社のある大阪に向かう電車を「上り」と呼び、東京に近い奈良県や三重県に向かう電車を「下り」と呼んでいる。

また、整然とした都市計画により、南北・東西に地下鉄が走る大阪市営地下鉄の場合、原則として北に向かう電車と海（西）に向かう電車を「上り」としている。

首都圏では、東京メトロは「上り」「下り」を用いない。

建設をはじめた側を「起点」、逆方向を「終点」とし、起点から終点に向かう線を「A線」、終点から起点に向かう線を「B線」と呼んでいる。

もっとも案内アナウンスではA線・B線といっていない。乗客にとってはわけがわからないからだ。「〇〇行き」とちゃんとわかりやすく案内している。

▼1つの線路にレールが3本敷かれている路線がある理由

1つの線路には、ふつう、2本のレールが平行に敷かれているものだ。ところが箱根登山鉄道の小田原〜箱根湯本間、JR奥羽《おうう》本線の神宮寺〜峰吉川《みねよしかわ》間など、まれに3本のレールが並んで敷かれているところもある。

これらの区間では、どうしてレールが3本敷かれているのだろう？

JRの在来線をはじめ日本の大半の鉄道は軌間《ゲージ》が1067㎜の狭軌で、新幹線や一部の私鉄は1435㎜の標準軌となっている。

狭軌の車両と標準軌の車両は車輪の幅などが異なるため、互いに乗り入れすることはできない。

だが、標準軌の路線に狭軌の電車を走らせたり、狭軌の路線に標準軌の電車を走らせたい場合も当然ある。

たとえば箱根登山鉄道の小田原～箱根湯本間の場合、箱根登山鉄道は標準軌の路線だが、狭軌の小田急の電車を新宿から箱根湯本まで直通させるために、箱根登山鉄道の線路を共用できれば便利だ。

また、奥羽本線の場合、大曲～秋田間には標準軌と狭軌の単線の線路が並行して、1本ずつ敷設されている。標準軌の線路を秋田新幹線が走り、狭軌の線路を奥羽本線の列車が走っている。

どちらも単線で、上り列車と下り列車が同じ線路を走るため、駅でしか行き違いできない。つまり、行き違いするときには、一方が駅に停車して反対方向からの列車を待たなくてはならない。

ところが「こまち」は運転本数が多いうえ、新幹線はスピードが重視されるので、それでは困る。なんとかして走行中にすれ違わせたい。それには、狭軌の線路を新幹線も走れるようにして、行き違いのときだけ乗り入れできるようにすればよい。そこで冒頭に書いたように、奥羽本線の神宮寺〜峰吉川間に新幹線も走れるように標準軌用のレールを加えたのである。

このように、線路の一方のレールを二重にして3本のレールを敷けば、レールの1本を標準軌の電車と狭軌の電車が共用し、二重になっている側の内側を狭軌、外側を標準軌の電車が使うことで、ゲージの違う電車が1つの線路を共用できる。

こういった3本レールの線路は「三線軌」と呼ばれている。

便利な三線軌だが、標準軌の電車と狭軌の電車では、車両の中心線が異なるため、トンネル内の建築限界などでは、問題となりやすい。ポイントの構造も複雑になるため、どんどん建設してよいというものでもなさそうだ。

コラム

1本のレールで走る鉄道もある!

レールが3本敷かれている鉄道があるかと思うと、1本のレールで走る鉄道もある。それは札幌市営地下鉄で、1972(昭和47)年2月の札幌冬季五輪に間に合わせようと前年の12月に開業した。わずか3年弱の工事期間であった。

札幌には私鉄が走っておらず、ＪＲとの相互乗り入れの可能性もなかったため、新しいシステムを取り入れた。車両は中央案内軌条式をとり、車輪にはゴムタイヤを使うという案に落ち着く。導入は、日本ではじめての試みであった。

中央案内軌条方式とは、レールと車輪のかわりにゴムタイヤを履《は》かせた車両を、中央に施設した軌条をはさみこんで走るというもの。札幌の地下鉄は１本のレールで走っているのだ。

ミニサイズの新幹線がある!? ミニ新幹線の秘密とは？

現在、「新幹線」と名のつく鉄道のうち、「ミニ新幹線」と呼ばれるものがある。ミニ新幹線と呼ばれる山形新幹線と秋田新幹線は、いったいどこが「ミニ」なのか？　東海道・山陽新幹線や東北新幹線などとどう違うのだろう？

もっとも違うのは線路である。山形新幹線の福島〜新庄間と秋田新幹線の盛岡〜秋田間は、新幹線用として新しく建設された線路ではない。在来線の狭軌のゲージを新幹線用の標準軌に広げたり、狭軌に新幹線用の標準軌を加えた三線軌にした線路を走っている。新幹線用の線路を新しくつくるより、在来線の線路を改造して新幹線の車両も走れるようにしたほうが、建設費が安上がりなのだ。

だが、線路の幅を広げても、車体幅の広い新幹線の車両をそのまま走らせては、駅のホームやトンネルなどで、車体が引っ掛かってしまう。それを避けるには、車体の大きさを在来線の電車と同じ程度にするしかない。

つまり、山形新幹線や秋田新幹線の車両は、ゲージは標準軌で、新幹線らしいデザインをしていても、車体の大きさは在来線とほぼ同じ。フル規格と呼ばれる東海道新幹線や東北新幹線に比べて、車体がミニサイズなのである。

そのため、ミニ新幹線が東北新幹線に乗り入れて上野駅や東京駅に着いたとき、これらの車両とホームの隙間は、東北新幹線のそれに比べてずいぶん広くなってしまう。うっかりすると、乗客が隙間から線路に転落してしまいそうなくらいだ。

そこで、ミニ新幹線の車両では、転落防止のため、ドアの下に収納式のステップが取り付けられている。

このミニ新幹線は、たんに車両が小さいだけでなく、在来線の線路を利用しているため、踏切があり、最高速度も低く抑えられている。それに在来線の列車が遅れたときは、当然のことながら新幹線もその影響を受けて遅れてしまう。

これでは、在来線と大差ない……と思ったら、じつはミニ新幹線は、新幹線法（正式名称全国新幹線鉄道整備法）に基づく「新幹線」の中に入っていない。

「秋田新幹線」「山形新幹線」という名称は、いわば愛称で、正式には「新幹線直行特急」という。

その証拠に、秋田新幹線で、秋田から東京に行く場合、在来線部分を走る区間は在来線特急料金となり、特急料金は、秋田〜盛岡の在来線部分と盛岡〜東京の新幹線部分との合算で計算されている。

▼試作品の新幹線が今も営業用に使われている！

新幹線の開業当時、停車駅の少ない「ひかり」に対して各駅停車で設けられたのが「こだま」だった。「ひかり」のほうは、「のぞみ」にとって代わられて影がうすくなっているが、「こだま」のほうはいまのところ存在価値を保っている。その「こだま」

に車体の印象が他とやや異なるものがある。

新幹線開業当時0系として開発された車両は、やがて100系という進化した形の車両として、新しい「ひかり」に変貌する。100系では、はじめて2階建ての車両が組み込まれ、フォルムも先頭車の鼻先が1m伸び、座席前後のシートピッチが拡大され、そのほかにも安定走行、乗り心地向上のための細かい点が気配りされていた。

その100系列車も、「のぞみ」中心のダイヤとなった2003（平成15）年のダイヤ改正で、東海道新幹線からは完全に引退したが、山陽新幹線では、いまも「こだま」として使われている。

山陽新幹線の「こだま」を注意して見てみると、そのなかに車体の印象の異なる「こだま」があるはずだ。同じ100系車両なのだが、窓の幅が狭いのである。

おそらく、その車両は「ひかり」として使われていた時代に、試作品として作られた車両。ふつう、新型式の第1号車は、先行製造というだけで後発のものとデザインは同じなのに対し、これだけは本当の試作品。そのまま営業車として出番を得ていたものの、本当は試作品である。

現在、100系車両はすべてJR西日本の所有になっていて、こだま限定で使われている。チャンスがあれば探してみる価値がある。

▼新幹線のお医者さん、「ドクターイエロー」って、なに？

「ドクターイエロー」は、新幹線の車両を使っているが、色は名称どおり黄色という変わりダネだ。

正式名称は「新幹線電気軌道総合試験車」といい、いわゆる新幹線の走路チェックをするのがこの列車の仕事だ。架線、レール、ATC（自動列車制御装置 Automatic Train Control System）の作動状態といった、安全走行のために故障箇所がないかどうかを、ダイヤの空白時間帯にチェックしている。

最高速度を時速270キロまで上げることができ、試験車としては世界最速という代物だ。

現在、東海道・山陽新幹線用試験車は1号車が電力、信号、通信関係をチェックし、4号車が軌道関係の測定車、2号車、6号車は測定用パンタグラフを備えており、3号車、5号車は架線の状態を監視することのできるドームを天井につけている。調査

・監視のために人が乗るのは7号車で、添乗員用だ。

東海道・山陽新幹線に限らず、同様の試験車両が東北、上越、長野の各新幹線にも2本ずつあって、だいたい10日に1回程度、テスト走行をしている。

ドクターイエローが測定してチェックした結果は、すぐに新幹線管理の指令所に送られ、万が一「?」という部分があればすぐに工事担当者に連絡が入る。すべて深夜の作業になるから、一般の人はなかなかお目にかかれない。ドクターイエローはまさに「縁の下の力持ち」といえる新幹線だ。

▽車両検査はどのくらいの頻度で行なわれているのか?

マイカーを持つと定期的に車検を行なって、運転に支障がないことを証明しなければならない。車検の時期が来ているのに無視して走らせていれば、道路交通法違反になる。

電車も同じである。専門の技術者が毎日毎日、どこかに故障がないか、点検をして車庫から送り出す。そのほかに、完全に分解して「全般検査」をしなければならない。

これが車の車検にあたるもので、車両基地や車庫などでなく、設備のある専門の工場で、8年ごとに1回は行なわなければならない。すべての機器を取り外してチェックするために、検査は1～2週間かかる。

毎日の点検業務にしても、きちんとしたマニュアルがあり、48時間（2日）～72時間（3日）ごとの「仕業検査」も車両基地で行なわれる。運行の都合で基地に戻れないときは、走行先の基地で受けることになっている。

これは、専門技術者たちが毎日、運行前に行ない、彼らの仕事のほとんどがこれになる。ラッシュ時でどんどん車両が出ていかなければならないときでも、出番待ちして「仕業検査」を受けることになっている。

次の段階が、30～90日以内か走行距離3万km以内にしなければならない「交番検査」。このときは車両は完全な休日になり、走らされることはない。この2つの作業が、車両基地と呼ばれる、路線から引き込み線で入れる車庫のような場所で実施されている。

本格的な「全般検査」は、先述のように、基地でなく工場で行なわれる。専門の車両工場を持つ会社があって、そこへ送り込まれることも少なくない。

ＪＲの場合は、国鉄時代から自前の専門の工場を持っていて、首都圏では「東京総合車両センター」「大宮総合車両センター」「鎌倉総合車両センター」などが担当しているし、関西圏では「網干《あぼし》総合車両所」などが受け持っている。

これだけの検査を繰り返していても、走行中に故障は起こりえる。乗車中に「車両故障」のアナウンスがあったとしたら、その車両はすぐに基地に戻され、徹底検査が行なわれることになると考えていい。

▼「ガタンゴトン」が消えた！ 50kmを越えるレールはどこにある？

鉄道の初期には、７・３ｍほどだったレール１本の長さは、今日では基本的に１本25ｍの長さとなっている。これを「ジョイント」と呼ばれる専用の金具でつないでいく。

列車に乗っている最中に「ガタンゴトン」と規則正しく揺れるのは、25ｍごとにこのジョイントを通過するためだ。ふつう、気温が高くなったときに金属が膨張するのを計算に入れて、ジョイント部分に少し隙間が空けられている。そのため、列車が通り過ぎるときに車輪が隙間に入り、音を出し、揺れるのである。

ただし、最近では、レールとレールの間を溶接して1本の長いレールにした「ロングレール」の線路も増えている。金具でレールをつなぐ方法だと手間がかかるから、溶接するほうがラクなのだ。

それに、従来のつなぎ方では、ジョイントの上を列車が通過するときの衝撃で、枕木や車輪が傷みやすい。

溶接してジョイントをなくしてしまえば、それを防止できるし、25mごとの「ガタンゴトン」という音や振動がなくなるので、乗り心地もよくなる。

こういったさまざまな理由から、ロングレールが増えたのだ。

しかし、ロングレールとはいっても、気温の差でレールが伸縮するのに備えて、ジョイントを多少は残しておく必要がある。その場合も、つなぎ目部のレールを斜めに切断して組み合わせ、伸びたときに一方のレールを外側に逃がすという工夫をこらし、「ガタンゴトン」と列車が揺れないようになっている。

ロングレールの路線としては、新幹線がそうだ。新幹線のレールは、ほとんどが1500mのロングレールを用いている。

もっとも長いロングレールとしては、青函トンネルが有名で、ほぼトンネルの全長にあたる52・57㎞が1本のレールとなっている。海底を走る青函トンネルでは、線路の分岐点となるポイントも、レールを伸び縮みさせる気温の変化も少ないので、こんなにも長いロングレールが可能だったのだ。

地上の路線では、JR函館本線の深川～近文《ちかぶみ》間に、約25㎞のロングレールが用いられている。

▽ここを見れば、電車の故郷がわかる

JRの車両をよくみると、側面に「東ヤテ」「海ナコ」「大モリ」など、漢字1文字とカタカナ2文字からなる記号が書かれている。まるで暗号のようだが、これは電車の住所表示だ。

JR各社には多数の車両基地があるが、車両はすべてどこかの車両基地に所属している。そこで、所属しているJRの鉄道事業本部や支社などを漢字とカタカナを使って表わしているのだ。

車両に書かれた記号の意味

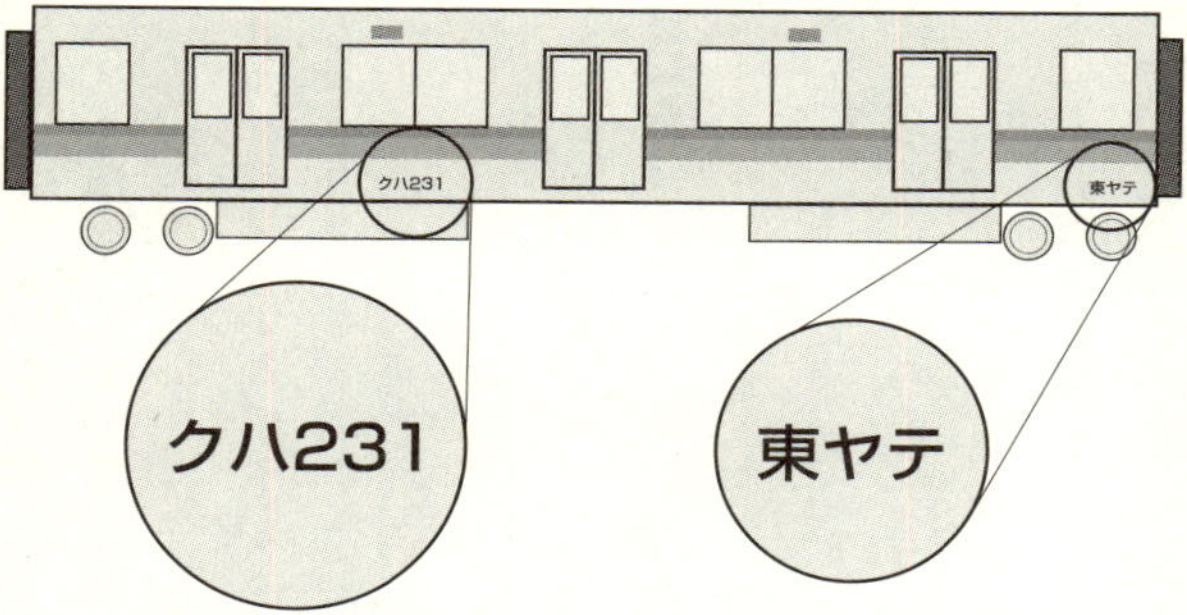

ここに車両の形式記号　　ここに車両の所属基地

1文字目の漢字は所属組織の略号で、2文字目と3文字目のカタカナは基地名の略号なのである。

たとえば、山手線の電車なら、車両に「東ヤテ」と書かれている。

これは、JR東日本の「東京支社・山手《ヤテ》区」の所属という意味だ。

同じように、「海ナコ」は「東海鉄道事業本部・名古《ナコ》屋車両区」、「大モリ」は「大阪支社・森《モリ》ノ宮電車区」、「幹トウ」は「新幹線鉄道事業本部・東《トウ》京第一車両所」となっている。

四国、九州、北海道のJR各社もみてみよう。「四コチ」はJR四国の「本社直轄・高知《コチ》運転所」、「本モコ」はJR九州の「本社直轄・門《モ》司港《コ》運転区」、「旭アサ」はJR北海道の「旭川支社・旭《アサ》川運転所」に所属するという意味を表している。

この略号は国鉄時代から用いられており、その方式がJRにも引き継がれたのだ。長距離列車が発着する駅にいくことがあれば、この記号をみてほしい。じつにさまざまな車両基地からやってきた列車があるとわかるだろう。

どの文字がどの支社の略号かを知っておけば、車のナンバープレートをみてどこからきた車かを知るように、どこからきた列車なのかがわかっておもしろい。

▼ここを見れば、車両のタイプがわかる

前項で車両の故郷を知る方法を紹介したが、同じく車両側面に書かれたカタカナと3桁の数字から、車両のタイプを知ることができる。これは国鉄時代の方式を引き継いだ記号で、カタカナ部分は、運転機能の有無と車内の設備を表わしている。

まず、電車の車両では、カタカナの最初の1～2文字は、必ず「ク」「モ」「クモ」「サ」のどれかになっているはずだ。「ク」は運転士が乗る運転室がついた車両、「モ」

はモーターのついた車両、「クモ」は運転室もモーターもついた車両、「サ」はどちらもついていない車両である。

この運転機能を示す記号に続くのが車内の設備を示す記号だ。

最もよくみかけるのが、「クハ」「モハ」「クモハ」「サハ」というふうに後ろに「ハ」がつく車両だが、この「ハ」は普通車を表わしている。グリーン車は「ロ」で表わされている。

「ハ」と「ロ」を用いる理由は、一等車に「イ」、二等車に「ロ」、三等車に「ハ」とイロハをふり当てていた時代にまでさかのぼる。しかし、１９６０（昭和35）年に一等車が廃止され、二等車が一等車に、三等車が二等車に格上げされ、「イ」が消えて「ロ」と「ハ」だけが残った。

その後、１９６９（昭和44）年に一等車がグリーン車、二等車が普通車に変更されながらも、記号はグリーン車に「ロ」、普通車に「ハ」が当てられたままである。

あまり数は多くないが、「ネ」は「寝る」の頭文字をとった記号で寝台車を表わしている。そのため、「ハネ」はB寝台車、「ロネ」はA寝台車を指す。

同じように、食堂車は「シ」、郵便車は「ユ」、荷物車は「ニ」と、頭文字がそのまま記号になっている。

このカタカナ記号の後ろ3桁の数字は、百の位が「直流（1～3）」か「交流（7、8）」か「直流と交流両用（4～6）」かという電気方式の違いを表わす。

一〇の位が、「通勤型」か「近郊型」か「特急急行型」かという使用用途の違いを示し、片側4扉の通勤型の電車は「0」、片側3扉の近郊型の電車は「1」か「2」、近郊型と通勤型両用の新系列が「3」、急行型と特急型の列車は「5」～「8」となっている。最後の一の位は形式が設計された順番である。

JR東日本の新形式では、3桁の数字の前にEをつけてJR東日本の車両だということを表示している。

また、3桁の数字のあとにハイフンでつないだ数字があるものは、製造番号などを表わしている。

JRに対し、私鉄の電車の記号は会社によってさまざまだ。

一般的には3～5桁の番号を用い、それぞれの位に意味を持たせている場合が多く、カタカナを用いる会社は少ない。

コラム　電車、汽車、列車、客車、これらの違いはなんだろうか？

大都市圏では、鉄道を電車と呼ぶことが多いが、電車とはなんのことだろうか？

電車は、字の通り電気で動く車両をさす。車体の上にある架線と呼ばれる電線からパンタグラフを通じて電気を取り入れるか、線路脇のサードレールと呼ばれる電気が流れているレールから、動力となる電気を取り入れて動いている。ただし、電力で動いていればすべてが電車かというとそうではない。

じつは鉄道車両は、動力による区分以外に乗客が乗れるか、そうでないかによっても、区別されている。だから、電車は乗客が乗れるもの、つまり旅客車両を指し、電気機関車とは区別される。

電力以外の動力では、現在、軽油・重油が使われているものも少なくない。この旅客用をディーゼルカー、貨物用をディーゼル機関車と呼ぶ。当然のことながら、エンジンで動くため、パンタグラフなどはついていない。

石炭を使う場合は、ご存知のとおり蒸気機関車。

列車	電気を動力に モーターで動く列車	旅客用……　電　車
		非旅客用……電気機関車
	ガソリンなどを 燃料にした エンジンで動く列車	旅客用……　ディーゼルカー （汽車、気動車）
		貨物用……　ディーゼル機関車
	石炭などを燃料に 水蒸気の力で動く列車	蒸気機関車（ＳＬ）
	動力を持たない列車	旅客用……　客　車 （静かなため、寝台車に使われることが多い）
		貨物用……　貨　車

さまざまな区分があり、1つの例に過ぎない。
テレビなどではディーゼルカーも電車と呼ばれる場合が多い。

蒸気機関車は観光地などで一部残っているに過ぎず、現在の日本の交通機関で使用されているケースはほとんどない。

なんと動力を持たない車両もある。動力を持つ車両に牽引される旅客用を客車、貨物用を貨車と呼ぶ。

客車は静かなため、寝台車に使われることが多い。

そして、これらをすべて包括する名称が列車である。

列車とは旅客、貨物や動力の区分を問わず営業運転されているすべての鉄道車両を指す言葉なのだ。

文字の意味合いでは、複数連なって

いるイメージもあるだろうが、定義は前述の通りなので一両であっても列車と呼ぶ。除雪を行なう雪かき列車、路線の整備をする工事列車なども列車の中に含まれているのだ。

迷ったら、列車という言葉を使っておけばまず間違いはないというわけだ。

▽日本に鉄道専門の高校がある！

鉄道関係の会社は、一般の大学・高校を卒業しても、就職試験を受けられるが、鉄道専門の高校に進学の上、入社するというルートもある。

鉄道専門の高校には、東京・上野の岩倉高校、東京・池袋の昭和鉄道高校（豊昭学園）があり、岩倉高校には機械科・運輸科・商業科、昭和鉄道高校には運輸科や機関科が設けられていて、国語や数学といった一般科目に加え、鉄道関係の勉強ができる。

どちらも、鉄道関連の知識や技能を講義や実習によって身につけることができ、鉄道をはじめ、運輸・交通関係に進む卒業生の多い高校である。

たとえば、昭和鉄道高校は、１９２８（昭和３）年に設立され、70年以上の歴史を持つ学校で、多くの鉄道・交通関係者を輩出してきた。

２００１（平成13）年には新シミュレータ館が新設され、電車運転シミュレータ装置を使って、本来なら本物の電車に乗らなければできなかった運転実習が、本物に近い形で学習できるようになった。

運転士や車掌と運転司令が連携で行なう異常時の処置訓練も、ここでシミュレートできるというから、非常事態への心構えも身につけられる。

同校は、長らく男子校だったが、２００４（平成16）年からは共学になった。いまや、男女問わず、鉄道専門の高校で鉄道関連の知識・技能を学べる時代なのである。

▽最近、銀色の車両が増えた気がするのはなぜだろうか？

丸い緑の山手線だったはずの山手線の車両が、緑色からスチールの銀色そのままのような色に変わり始めたのは、１９８０年代の半ば、ちょうど昭和という時代が終わるころからだった。

同じころから、東海道線、京浜東北線、根岸線、高崎線と首都圏を走る他の路線でも、だんだん銀色の車両が増えてきたし、青地に白が特徴的だった横須賀・総武線も、銀色に青と白の帯の車両に変わった。

こうした車両のほとんどはステンレス製であり、塗装はなく、すべて素材の色そのままで、帯の部分だけに路線を表わす色をペンキで塗ったものだ。

かつては鋼鉄製車両にペンキを塗っていたが、どうしても長年の使用でサビが浮いてくる。しかも鋼鉄製は重い。重ければそれだけ動かす力が必要だから、電気も食う。そこで骨組みは鋼鉄、外側だけをステンレスにした軽い車両が使われるようになっていった。

ステンレス車両を最初に導入したのは東急電鉄。１９５８（昭和33）年のことだ。やがて、オールステンレス車が開発され、より軽量化が進み始めるのが、この４年後。やはり、東急がアメリカの企業と技術提携して取り入れた。

このステンレス車両は、地下鉄日比谷線にも乗り入れられて、地下鉄ではじめてのステンレス車両となった。

さらに技術は進み、いまでは軽量ステンレスやアルミニウム合金の車両に変わってきている。ただ、ステンレス車は地色の銀色のままだが、アルミ合金車は塗装されているケースも多い。

軽量車両の導入には地下鉄のほうが積極的だ。地下鉄は駅間が短いため、加速度・減速度が強力なほうが有利で、同じパワーなら車体が軽いほうを好むからだ。

東京メトロ、都営地下鉄ではすでにすべての車両がステンレスかアルミ合金の車体になっている。

JRと私鉄も軽量化を進めており、全部で5万余の車両のうちステンレス製が1万4000両、アルミ合金製が1万両近くと年々、軽量化は進んでいる。

▼丸ノ内線がアルゼンチンで第二の人生を送っている?

地方に旅行や出張で出かけたとき、現地の鉄道で乗りなれた車体を見かけて、驚くことがあるが、それは大手の私鉄が古くなった車両を中小の私鉄に払い下げているからだ。

地下鉄も同様で、東京メトロが廃車にしたものを、ローカル私鉄の銚子電気鉄道が使っていたり、都営地下鉄の車両が秩父鉄道を走っていたりする。大手が大型車両を導入するためにお払い箱となった中型・小型の車両は、利用者の少ないローカル私鉄にとって願ってもない型式のようだ。

もちろんパンタグラフをつけかえたりといったリニューアルは必要だ。銚子電気鉄道のように、1両編成の場合は、連結部に運転台を取り付けて双方向運転を可能にする改造も行なう。

日立電鉄では、地下鉄銀座線で使っていた中古車両を大量に買い込み、自社の旧型車両をそっくり入れ替えたりもしているし、長野電鉄では長野五輪開催時の輸送力アップのため、地下鉄日比谷線のステンレスカーを大量に使うことにした。なかには福井鉄道のように、東京の私鉄と大阪の私鉄の車両が同じレールの上を走る例まである。

新型車両なら1両1億円以上などといわれるから、ローカル線にとって、まだまだ使える都会の中古車両はありがたい存在らしい。

中古車両の払い下げは、いまでは国内にとどまらない。東京メトロの丸ノ内線車両が、アルゼンチンはブエノスアイレスの地下鉄として生まれ変わり、あの赤い色もそのままに地球の裏側で活躍中だ。日本では中古でも、現地では「新車か」といわれるほどで、そのメンテナンスのよさから名古屋市営地下鉄の中古も導入された。

ほかにもJRの気動車がロシアへ渡り、JRのマークのまま走っているし、タイでは冷房設備を持ったJRの列車が好評を博しているという。

▽座席シートの幅は何を基準に決められているのか？

電車1車両につき、片側4つの扉がある車両では、扉と扉の間にある長いシートの定員は7人といわれる。

実際には、7人掛けのロングシートに7人座ればけっこう窮屈だ。とくに着ぶくれする冬場には、6人しか座っていないのに、あと1人座れるだけのスペースが空いていない……ということも珍しくはない。

そのため、鉄道会社側では、定員どおりに座らせようと1人分ずつへこみをもたせたバケット式と呼ばれる座席にしたり、背もたれに模様を入れて1人分のスペースを示したり、シートの途中にパイプを入れたりと工夫をこらしている。

それにしても、この1人分の幅はどういう基準で決められているのだろうか？

これはＪＩＳ（日本工業規格）で定められている。

「ＪＩＳ　Ｅ　７１０３　通勤電車～車体設計通則」では、１人の幅は43㎝以上とされ、さらに「ＪＩＳ　Ｅ　７１０４　鉄道車両旅客用腰掛」では、シートの種類別に、座席のサイズや柔らかさなどの細かい仕様が定められている。

たいていの通勤電車は、できるだけ多くの人が座れるよう、長らく１人当たり43㎝幅でシートがつくられてきたが、日本人の体格がよくなるにつれ、これより幅の広い大柄の人が増えてきた。

そこで１９９０年代後半以降につくられた車両では、１人当たり44～45㎝幅のシートが多い。ＪＲ西日本では44㎝、それ以外は45㎝が最近の主流のようだ。

１人分の幅を広くすれば、その分シートが全体的に長くなってしまうが、車両の長さは変えられない。かといって、座席の定員を減らしたのでは、利用者から不満が出るだろう。そこで、シートが長くなった分は、シートと扉の隙間を狭くしたり、車両の両端の壁を薄くしたりして対応している。

最近、扉の脇に立とうとしても、狭くて立ちにくい電車が増えたのは、１人分のシートの幅を広くした結果なのだ。

▽かつて修学旅行用につくられた車両があった！

小学校で2泊3日、中学校で4泊5日といった修学旅行は、戦後、それも昭和30年代から再び盛んになった。当時の修学旅行は列車で行くのが普通だった。

その列車は、定時ダイヤの間隙《かんげき》を縫って走る特別な列車だったから、速度は遅く、車両も寄せ集めでお粗末なもの。専用列車ならまだましで、一般乗客を乗せた列車の何車両かだけが修学旅行用に提供されるというようなこともあった。

昭和30年代に入り、増え続ける修学旅行の需要に対応しようと、1959（昭和34）年から、国鉄が修学旅行専用電車を設けた。それが、東海道線を走った「ひので」と「きぼう」である。

そのころ、関東圏からは京都・奈良へ、関西圏からは東京・箱根・日光へ、というのが中学生の修学旅行の定番であった。「ひので」は東京から、「きぼう」は関西から出発する修学旅行専用列車に使われた名だ。

座席は中学生の体格から割り出したシートサイズで、向かい合わせのボックス型。

折りたたみの机をつけ、座席の上の荷物棚など、使い勝手に配慮がなされていた。

ダイヤは、朝のうちに品川を出て、東海道線の昼間の景色を見物しながら、京都に夕方着。帰りは夜に京都を出て夜行になり、翌早朝に品川に着くというものだ。この専用列車で、汽車の旅の楽しさを味わうことができたのだった。

ほかにも同じような専用列車「わこうど」（東京〜下関）、「なかよし」（広島〜下関）「おもいで」（上野〜盛岡）などが生まれ、本州のほか、九州でも活躍した。

新幹線が登場して修学旅行の利用がシフトしていく中、「ひので」「きぼう」は１９７１（昭和46）年に、そのほかの編成もその後3年の間に次々と廃止されていった。

▽地下鉄の車両はいったいどこで造られているのか？

かつて一世を風靡《ふうび》した地下鉄漫才では、「地下鉄の電車、どこから入れたんでしょうねぇ」というのが決めゼリフになっていた。だれもが疑問に思う素朴な疑問だったからこそ、大ブームとなったのだろう。

車両工場が地下にある、なんていうのはＳＦ漫画に登場しそうな光景だが、残念ながら、科学はそこまでは進歩していない。すべて地上にある工場で製造されている。

東京の地下鉄路線のなかには、地上を走る私鉄と乗り入れているものも多く、その場合は地上にある車庫に運んで、引き込み線から本線に入れればいい。しかし、地下鉄区間だけを走る車両は、どこかに搬入口を設けなければならない。

たとえば、都営地下鉄新宿線などでは、車庫は地下にしか設けられていない。東大島駅近くの、大島小松川公園地下の車両検修所や、清澄白河駅から引き込み線でつながる木場公園地下の木場車庫などが搬入口である。

こうした地下車庫では、どこか一部に車両1両だけが入るくらいの細長い穴が開いている。車両は車庫のある場所の地上部まで運ばれたら、クレーンで吊り下ろされることになる。もちろん、この穴は、普段の何もないときは、きちんとフタで覆われているから落っこちる危険はない。

車両製造工場から車庫までの運搬も、陸路で運ばれるが、利用できるレールがあれば、地下鉄や私鉄の会社の区別なく、線路を利用させてもらうようだ。車両製造工場はＪＲ線の近くにつくられることも多く、ＪＲ武蔵野線、常磐線、横浜線など、乗り入れられる路線はすべて活用されている。

QUIZ

日本一長いホームはどこにある？ それは、何メートルか？

日本でもっとも長いホームを持つのは京都駅。京都駅の0番線はじつに558mの長さを持つ。端から端まで歩くだけで、ずいぶん時間がかかりそうだ。

ところで、この何気なく目にしたり、案内アナウンスで聞く「番線」。どのようなルールで1番線、2番線を決めているのだろうか。

JRの場合、基礎となっているのは、国鉄時代に定められたもので、駅長室にもっとも近いところを1番線、離れるにつれて2番線、3番線と番号があがっていくという付け方だ。

しかし、今は駅の構造も多様化し、新しい駅のなかには、橋上駅舎といって、駅長室が高架に位置しているところもある。このルールに則《のっと》ると、ど真ん中のホームが1番線になってしまうというケースも出てくる。そこで、新設の駅では、上り線から順番に番号が振られていることも多いという。

駅の拡張で駅長室と1番線の間に新しいホームができた場合にはどうなるのだろう。この場合、新しいホームを0番線とする方法や、新設ホームを1番線とし、1つずつ番号をずらす方法がとられているようだ。

実際、頻繁に増設が行なわれているターミナル駅はどうなっているのか。

新宿駅はホームに変更があるたびに番号をずらしているため、1から14まで整然とホームが並んでいる。

数字がばらばらなのは東京駅だ。丸の内側から、在来線ホームが1～10番線まで並んでいるかと思うと、次の東北・上越・長野新幹線は20～23番線、そして次の東海道新幹線が14～19番線という順番になっている。10番線と14番線の間に、あとから4つのホームを追加したことが原因なのだが、東海道新幹線はJR東海の路線なので、JR東日本の都合で勝手に変えるわけにもいかない。そのため、こうした並びになったようだ。

このように番線に注意してみても面白い。番線だけでも今いる場所がわかったり、変わった並びの番線からホームの増設順番を推測したりできるかもしれない。

鉄道おもしろデータ集

ホーム・番線に関する雑学

日本一長いホームを持つ駅	京都駅
558mの長さを誇る京都駅の0番線が日本一長いホームだ。	
日本一ホームの数が多い駅	**東京駅**
1～10の在来線と14～23の新幹線で20のホームを持つ。	
日本一大きな数字のホームを持つ駅	**京都駅**
京都駅の山陰方面が出発するホームに34番線があり、これが日本一大きな数字のホームとなっている。	
日本初の立体交差駅	**折尾《おりお》駅**
鹿児島本線と筑豊本線のホームが立体交差する日本初の立体交差駅。現在の駅舎は1916（大正5）年に完成したもの。	
1桁のホームが1つもない駅	**新大阪駅**
新大阪駅は11～18番線までが在来線で、20～26番線までが新幹線である。1桁の数字を持つホームは1つもない。	
お化けが出る“霊”番線がある駅	**米子駅**
ＪＲ境線米子駅では、「ゲゲゲの鬼太郎」の作者水木しげるの出身地である境港方面に向かうホームを霊番線としている。	

第5章

知れば知るほど面白い！

変わった駅が大集合

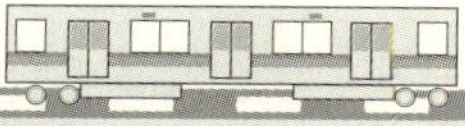

▽夏休みや冬休みのある鉄道と駅、知っている？

都市部の鉄道では、土曜日・日曜日の運転は通勤客の利用が減るため、平日に比べて少なくなっている。ところが、本数が少ないどころか、まとまった休みを取る鉄道も存在するから驚きだ。

冬休みのある鉄道として知られているのは、黒部峡谷《くろべきょうこく》鉄道。冬休みは12月～4月中旬までと、年の3分の1が運休する。これでは冬休みの域を越えて、冬眠といっていいかもしれない。

同線が、なぜこれほど長い休みを取るかといえば、冬場は、観光客が少なくなることに加えて、積雪が多すぎて、運行が不可能になるという事情がある。

その積雪の多さのために、運休期間中は架線や一部の鉄橋まではずしてしまうという。「休むときは徹底的に」という姿勢が強く感じられよう。

同じく冬休みがあるのが福島県会津《あいづ》若松《わかまつ》と新潟県魚沼《うおぬま》を結ぶJR只見《ただみ》線田子倉《たごくら》駅だ。田子倉駅は臨時駅ではないにもかかわらず、長期の冬休みを取る。

同駅は紅葉で有名な田子倉ダムの最寄り駅で、紅葉シーズンにはダム湖畔の景色やハイキングを楽しむ観光客が利用するが、付近に居住者などは皆無であり、冬場は発電所の関係者以外、利用者はいない。さらに豪雪地帯のため、身動きが取れなくなり、運休となる。

以上は、積雪などによる冬季休業であるが、夏季に運休する駅もある。

スキー客を見越した鉄道がそれで、JR上越線（上越新幹線）の支線にあるガーラ湯沢駅、大糸《おおいと》線ヤナバスキー場前駅が挙げられる。ただし、ガーラ湯沢駅は、夏場に数回、営業したことがあるようだ。

また、ほかにも、常磐《じょうばん》線の偕楽園《かいらくえん》駅は、梅の花盛りである2月～3月のみの臨時駅で、その期間以外は閉まったままだ。

さらには、誰も利用しないという理由から、年中休みの駅もあるというから驚きだ。駅そのものは存在しているのだが、撤去にも資金がかかるというので、そのままほったらかしになっている。

鉄道も商売だから、利用者にあわせて運行が左右されているのだ。

▽昼間は電車がお休みする和田岬駅の謎

ＪＲ山陽本線（神戸線）の兵庫駅〜和田岬駅間の１区間は、地元で和田岬線と呼ばれている。終点の和田岬駅は、大都市神戸の市街地にあるにもかかわらず、日中には１本も電車が来ない。もちろん列車が来なければ、人を見かけることもない。まるで田舎の廃駅といった風情である。

しかし、平日の朝夕には、普通の駅のごとく列車がやってくる。さらに驚くのは、日中の閑散とした様子とはうってかわって、朝は６両編成の電車が満員でやってきて、夕方には電車を待つ人々がホームを埋め尽くすということだ。

じつは、和田岬駅は、周辺にある三菱重工などの大工場に勤める人たちが利用している通勤専用駅である。そのため同駅は、通勤時間である７時〜９時の７本と17時〜22時の９本しか運行していない。休日にいたっては、朝夕各１本ずつしかない。

ただし、駅近くに神戸ウイングスタジアム（Ｊリーグのヴィッセル神戸のホームスタジアム）ができたため、試合などがあるときは増便される。

都市の真ん中で同じように昼休みをとる駅は、ほかにもある。工業都市・川崎市にあるＪＲ鶴見線の大川駅と、名古屋鉄道の名鉄築港線東名古屋港駅もまた、都会の工場地帯にあり、昼休みをとっているのだ。

ちなみに、和田岬駅周辺には住宅もある。駅が昼休みをとって、近隣の住民は不便だろうと思うが、答えはノー。市営地下鉄海岸線の和田岬駅もあるし、市営バスが頻繁に出ているのだ。

まさに旅人の宿！駅舎からホームまでまるごと宿屋の駅がある！

駅構内に飲食店が入っているのは珍しくないが、ＪＲ北海道の比羅夫《ひらふ》駅は、駅全体が宿屋になっている。

ここはＪＲ函館本線の駅で、「えぞ富士」と呼ばれる羊蹄山《ようていざん》を見上げる倶知安《くっちゃん》駅とスキー場で有名なニセコ駅の間に位置する。比羅夫駅自体は、職員がいない無人駅だ。

この駅舎がまるまる宿屋として使われるようになったのは１９８８（昭和63）年のこと。個人がＪＲから土地と建物を借りてスタートした。

宿泊客の憩いの場となる食堂

宿泊施設でもある駅舎は、築40年以上と年季がはいっているが、手入れは非常に行き届いている。

駅の職員控え室だった場所は食堂、2階は宿泊所として使われ、浴室はホームに設《しつら》えられている。丸太小屋の浴室と大きな丸太をくり抜いた湯船はいずれもオーナーの手づくりだ。

北海道では珍しくないのだが、部屋は男女別相部屋という形式を取っている。

お客さん同士でコミュニケーションをとりやすいようにすることと、宿泊料金を安くというオーナーの方針からこの形式が採用されているようだ。

気になる料金は、1泊2食つきで480

0円。夏場はプラットホームで北海道名物のジンギスカンを楽しめる。冬は体が温まる鍋料理、和食の朝食もついてこの料金だというから良心的だ。

長期滞在の場合は、素泊まりの料金設定になっており、1週間以上1泊2500円、1か月以上だと1泊2000円というから、さらに手ごろな値段で楽しめる。また、家族やグループ向けの貸切専用ログコテージも2棟ある。貸切料金は、1部屋につきプラス1000円だ。

駅に宿泊するという貴重な体験にオーナー手づくりの北海道らしい料理、旅行者同士の交流、さらに北海道の大自然がすべて満喫できるというから、リピーターが多いのもうなずける。

▽サッカーの試合にあわせて、ダイヤが変わる駅がある！

サッカーチーム鹿島アントラーズのホームグラウンド、鹿島サッカースタジアムの近くに同名の駅がある。

この鹿島サッカースタジアム駅に停車する列車を時刻表で調べてみると、通過を意味するレ印ばかりである。朝から晩まで1本も列車は止まらないことになっている。ただし欄外に注意書きがある。この駅はサッカーの試合開催日のみに営業すると記されているのだ。つまり、鹿島サッカースタジアムに訪れる観客のために列車は止まるのだが、それも終日ではなく、試合の前後のみ。

このスタジアムでは、通常の15時、15時半、16時、19時半のいずれかで試合が始まる。この開始時間に合わせて、4通りのダイヤがあり、当日はそれぞれのダイヤで列車がやってくる。

この鹿島サッカースタジアム駅は、もとは北鹿島駅という駅名だった。当時は、旅客用ではなく、完全に貨物用の駅。ここを通る大洗《おおあらい》鹿島線は、鹿島の工業地帯への貨物輸送が目的とされていたのだ。同駅はJR鹿島線と鹿島臨海鉄道大洗鹿島線の間に位置しているため、JRの貨物をこの駅で中継して運んでいたのだ。つまり鹿島サッカースタジアムを境に、2社の鉄道に分かれる境界駅というわけだ。

では鹿島サッカースタジアム駅はどちらの会社の所有になるのか。答えはJR東日本である。ただ、JR時刻表を見ると水戸～鹿島サッカースタジアム間は鹿島臨海鉄道の大洗鹿島線として表記されている。何ともややこしくてすっきりしない。それに輪をかけるのが、乗車券の販売は鹿島臨海鉄道の職員であること。これは駅舎を管理しているJRから業務委託されているためだ。

いずれにせよ、サッカー観戦でこの駅を利用する場合には、列車に乗りそびれないように試合開催日用のダイヤのチェックだけは忘れずに。

▼昔日の栄光を偲《しの》ばせる全国で両国駅にしかない施設とは？

JR総武本線の両国駅。駅前には国技館があることから、中央改札口の壁には歴代の名横綱の額が飾られている。券売機前の広場には力士の像もある。

駅周辺にも、相撲部屋やちゃんこ料理の店が並ぶ。もちろん力士の姿を見かけることも珍しくない。

さらに場所中ともなると、のぼりがたち並び、多くの観客が足を運ぶため、いよいよ活気にあふれる「相撲の街」と呼ぶにふさわしい場所になる。

一方で、江戸東京博物館があり、隅田川の流れる下町として、日本の文化や情緒を感じられる街でもある。そんな雰囲気は、両国駅からも感じ取ることができる。

両国駅は、1904(明治37)年に両国橋駅として開業した。その後、関東大震災によって焼失し、1929(昭和4)年に鉄筋コンクリート2階建ての駅舎に生まれ変わった。鉄筋コンクリートのクラシックな駅舎といえば、東京の北の玄関、上野駅が有名だが、じつは両国駅のほうが歴史は古い。

両国駅は、今でこそ総武線のみの駅だが、昔は房総方面の長距離列車が発着し、貨物を扱う設備も擁していた。ようするに、上野や新宿とも肩を並べるターミナル駅だったのだ。

それが、1972(昭和47)年に、総武本線の錦糸町駅〜東京駅間の地下路線が完成。錦糸町を出て東京へ向かう電車は両国駅のすぐ横から地下に入り、隅田川の下を行き来している。

現在、両国駅に停車するのは緩行《かんこう》電車のみである。

しかし、かつての花形駅の面影はまだ残っている。

なんと両国駅には「両国地ビール工場」という全国の駅で唯一のビール工場があるのだ。そのうえ、高架ホームの北側の駅舎全体が「ビヤステーション両国」というビアホールになっている。

江戸前の味に舌鼓をうち、新鮮なビールでノドをうるおしながら、ノスタルジックな雰囲気のビアホールや駅舎をながめ、両国の昔の姿に思いをはせるのも楽しいのではないだろうか。

▽日本の最果てにある駅はどこ？

交通機関の発達により海外へも気軽に行けるようになった今、「遠くに来たなあ」と実感できるのは意外と国内の「果て」かもしれない。とくに日本列島は北東から南西に長いため、なおさら実感しやすいことだろう。

では、「日本の果て」というべき最北端、最南端、最西端、最東端にある駅は、どこなのか。

4つのなかで1番有名な「果て」は、最北端駅の稚内駅《わっかない》ではなかろうか。北緯45度25分に位置するJR宗谷《そうや》本線の終点である。

第二次大戦前までは、この駅よりもさらに北に稚内桟橋駅があった。樺太《からふと》（現サハリン）に渡るために、使われていたのである。しかし、その後、樺太をソ連に奪われたため、渡航の必要がなくなった。そのため、線路は取り払われ、現在、駅はない。今は、稚内駅が文句なしの最北端駅なのだ。駅舎の玄関口にも「日本最北端の駅」と記されている。

最東端もまた北海道にある。日本で一番早く日の出が見られるのは、東経１４５度36分に位置するＪＲ根室本線の東根室駅だ。この駅は終着駅ではなく、その先に根室駅がある。最端ならば、すべて終着駅だと思いがちなのだが、実際に東経を比較すると、根室駅よりも、東根室駅がわずかに東よりなのだ。

根室本線は、東根室までは東進しているのだが、東根室から根室まで、北西方向に大きくカーブをしているために、こうした結果になっている。ただし、東根室は無人駅なので、根室駅には「有人駅としては日本最東端」と表示されている。

では、最西端と最南端はどこか。

まず、ＪＲの最西端は、東経１２９度43分に位置する佐世保線佐世保駅。ＪＲ以外も含めると、松浦鉄道たびら平戸口駅（東経１２９度35分）である。

最南端は北緯31度11分、ＪＲ指宿枕崎《いぶすきまくらざき》線の西大山駅だ。ただ、同駅は無人なので、有人駅では同路線の山川駅となるのだ。

ところが、これは本州の話。前出の駅よりもさらに「果て」にある駅が、２００３（平成15）年に沖縄に生まれた。新たな日本最西端は沖縄都市モノレール・ゆいレールの那覇空港駅で東経１２７度39分、そして最南端は同じくゆいレールの赤嶺《あかみね》駅で北緯26度11分。新線開通によって、場所は九州から沖縄へ移動し、１つの路線が一気に二冠をとったのである。

▽入場券が受験生のお守りになる！ とっても縁起のいい駅とは？

日本には「縁起物」の文化が今でもよく残っている。「めでたい」が魚の「タイ」に通じるということで、祝い事にタイの尾頭つきが用意される。健康で幸せで暮らせるようにと、おせち料理にもさまざまないわれがある。

鉄道駅にも、何かと縁起をかつぐ人に人気の高いものがある。その１つがＪＲ徳島線の学《がく》駅である。駅名となっている「学」は周辺の地名である。

この地名は、ある故事に由来する。昔、この近くの了慶寺という寺に学徳の高い僧がいて、全国から大勢の人がこの名僧に学問を教わりに訪れたというのだ。なるほどいわれを聞けば、ご利益《りやく》もありそうだ。

徳島線はローカル線で、学駅も日頃は利用客が多い駅ではない。しかし、受験シーズンが近づくと多くの学生がここの切符を手に入れようと訪れるらしい。それを意識してか、駅舎は1988（昭和63）年の改築のときに、阿波国にあった学問所をモデルにしたデザインとなった。

当駅では、普通切符だけでなく「合格祈願きっぷ」なるものが800円で販売されている。学駅の硬券の入場券5枚がお守り袋に入れられている。「ご入学はかたい（5・入・学・硬）」というダジャレの縁起かつぎというわけである。

この切符は、学駅のほか、JR四国の主要駅や旅行センターでも販売されている。さらに、郵送やインターネットでも販売されているというから驚かされる。

この人気にあやかって、九州の松浦鉄道は、長崎県立大学の最寄り駅だった大学前駅を大学駅に変更してしまった。こちらでも受験生用に入場券や乗車券のセットを販売しているという。

自分自身や家族が受験を控えているときには、行ってみるとよいかもしれない。ただ、縁起はかつぐもので頼るものではないことをくれぐれも忘れないように。

▽エステができる駅まである！

最近、「駅ナカ」ビジネスが注目を集めている。これは駅構内の商業施設のこと。これまでも駅周辺は、集客力や利便性に優れたスポットとして発展してきたが、新たに駅構内を、駅の新しい価値として着目したのである。とくに盛んなのは大都市の駅。ターミナル駅の中には、1日10万人以上が利用する駅もあり、これだけの人をみすみす見逃す手はないというわけだ。

駅構内の商業施設といえば、以前は売店や立ち食いそば屋など、鉄道を利用するうえで必要なアイテムや、手早く食事をとるための店が主流だった。ところが、今や改札口からホームまでの間にさまざまな店が軒を連ねている。

フード業界1つをとっても食堂から日本茶専門店、ベーグル、ケーキショップなど多彩。ほかに、高級スーパーや惣菜《そうざい》店、書店のほか、ユニクロや無印良品などもある。さらに約3000種もの品揃えの焼酎専門店やワンコイン英会話、インターネットと連動したDVDレンタルショップもあるというから驚きだ。

中でもユニークなのがJR目白駅にあるフットエステサロン。付近に女子大が多いことから、JRが資生堂と提携し、２００4年11月にオープンさせた。

昨今、便利になった駅ナカビジネスの背景には、いったいなにがあるのだろう。それは近年少子高齢化などのため乗客が減り、輸送収入が減少し続ける、鉄道会社が新たな収益源を模索していたからだ。鉄道会社の積極的な姿勢は、自らその店の企画などにも関わってきている点からもうかがえる。

一方、出店する店側も、立地条件の良い場所で集客力が見込める。駅構内は人が多いだけでなく人の流れが一定であるため、利用者への訴求が効率的に行なえる。

駅ナカビジネスは、利用者にも出店する会社にも好都合なのだ。

駅ナカビジネスをとくに推進しているのはJR各社。JR東日本では、JR東日本ステーションリテイリング社を設立して他社との共同企画を進めている。

また、大宮駅の駅ナカでは国内最大級のショッピングセンター「ecute（エキュート）大宮」がオープン。今後、品川（２００5年秋）や立川（２００6年春）でも計画されている。

この駅ナカビジネスの登場によって、移動手段という駅の役割が変わりつつある。

利便性だけでなく、情報発信といった新たな付加価値によって、これからも発展していくだろう。

コラム

鉄道の未来を映す液晶ディスプレイ

駅自らが情報発信を行なうようになるなかで、車両内の液晶ディスプレイによって、乗客への情報提供を行なう鉄道会社が増えている。

01年から山手線に本格導入されたため、液晶ディスプレイといえば、山手線といわれるようになってはいるが、じつは乗車時案内のツールとして、最初に導入したのは東武鉄道だった。これが日本初の液晶ディスプレイつきの電車である。なお、現在の東武鉄道では、最新車両でも導入されていない。

通常、ドアの上に15インチ程度のディスプレイが2つあり、車内から見て、右側の画面に停車中の駅、次の停車駅、乗り換えの案内、所要時間、駅設備の案内、開くドアの方向、号車表示、輸送障害といった乗車中に必要な情報が表示される。

左の画面には、音声なしの動画が流れ、最新ニュースや天気予報、テレビＣＭ

などの広告が表示されるほか、ちょっとした暇つぶしになるようなエンターテインメント性の高い広告も流れている。

電車を使用した広告は多くの人への訴求が可能であり、入り口付近は乗客が多いこともあって、高い宣伝効果が期待できることなどから、さらなる発展が見込まれる。液晶ディスプレイの活躍はこれからとみるべきだろう。

▽東京の地下鉄では、どうして名前が違う駅でも乗り換え駅になっているの？

東京の「赤坂見附」駅と「永田町」駅は、どちらも東京メトロの駅である。それぞれの駅の入り口も両駅間の距離もけっこうある。駅の入り口の表示は、赤坂見附では「赤坂見附」、永田町では「永田町」と表示されており、どう見ても別の駅だ。

だが、この2つの駅は乗り換え駅で、同一の駅とみなされている。切符の自販機の掲示でも、赤坂見附～永田町間の運賃は表示されていない。

どうして「赤坂見附」駅と「永田町」駅は名前が違うのに同じ駅とされているのだ

ろうか？　そもそも同一駅なら同じ名前をつければいいのに、なぜ、銀座線と丸ノ内線は「赤坂見附」、有楽町線と半蔵門線は「永田町」と、違う名前をつけたのだろう？

じつは赤坂見附駅と永田町駅は、まったく別の駅としてつくられた。

赤坂見附駅は１９３８（昭和13）年に銀座線として開業し、ついで、１９５９（昭和34）年に丸ノ内線の駅もつくられた。

永田町駅は１９７４（昭和49）年の有楽町線開業と同時に駅ができた。当然、連絡階段もなく、別の駅なので、違う名前がつけられた。

その後、半蔵門線が開業し、両駅の間にホームができると、２つの駅を半蔵門線のホームを介して、自由に行き来できるようになったのだ。

つまり、半蔵門線ホーム西側のエスカレーターを上がると赤坂見附駅に出て、東側エスカレーターを上がると有楽町線の永田町駅のホームに出るというつくりとなった。赤坂見附駅と永田町駅は半蔵門線のホームでつながってしまったのだ。

ホームがつながってしまうと当然、乗り換えることも可能になり、同一駅として扱わなければ運賃計算が混乱する。そのため、赤坂見附駅と永田町駅は違う名前にもかかわらず、乗り換え駅として扱われるようになったのである。

▽以前は乗り換えできたのに、いまは乗り換えできない駅がある！

地下鉄で、以前は乗り換え駅として、同一駅とみなされていたのに、いまは乗り換え駅ではなく、いったん「下車」して再度、運賃を支払わなければならなくなった駅がある。それが東京メトロ丸ノ内線の御茶ノ水駅と同千代田線新御茶ノ水駅だ。

これらが乗り換え駅でなくなったのは都営新宿線ができたことに原因がある。

以前、千代田線新御茶ノ水駅と丸ノ内線淡路町《あわじちょう》駅は乗り換え駅とはみなされない別の駅だった。当然、別の名前がつけられた。

しかし、あいだに都営新宿線の小川町《おがわまち》駅がつくられたために、淡路町駅〜小川町駅、小川町駅〜新御茶ノ水駅がつながり、名前の違う3駅が乗り換え駅となった。

だが、その余波で、それまで乗り換え駅だった新御茶ノ水駅と御茶ノ水駅は、乗り換え駅でなくなってしまった。

それは、御茶ノ水駅と新御茶ノ水駅が同一駅扱い、さらに新御茶ノ水駅と淡路町駅が同一駅と扱いされると、丸ノ内線の隣り合う駅同士が同一駅扱いになって、こちらも運賃計算が混乱するためである。こうして新御茶ノ水駅は、よく似た名前の御茶ノ水駅と乗り換え駅でなくなってしまったのだ。

また、まったく同じ名前の駅名なのに、乗り換え駅ではないという例もある。都営大江戸線、東京メトロ丸ノ内線の新宿駅は同じ「新宿駅」でも乗り換え駅ではない。丸ノ内線新宿駅と大江戸線新宿西口駅が乗り換え駅となっている。

コラム

地下鉄に番号がある

じつは東京の地下鉄路線は、東京メトロも都営地下鉄も含めて、都市計画に基づいてつくられている。そのため、すべての地下鉄には都市計画上の路線番号がついているのだ。いわば道路の国道何号線、県道何号線の鉄道版である。

最初の計画で建設が予定されていたのは以下の6路線。現在の路線名でいうと1号線が浅草線、2号線が日比谷線、3号線が銀座線、4号線が丸ノ内線、5号線が東西線、6号線が三田線である。番号は、完成した順番ではない。すべての路線が山手線と交差していたため、品川から渋谷・新宿方面順にふられた番号だったのだ。

その後、追加され、7号線が南北線、8号線が有楽町線、9号線が千代田線、10号線が都営新宿線、11号線が半蔵門線、12号線が都営大江戸線となっている。

現在、当たり前のように銀座線、日比谷線と呼んでいる地下鉄にも、じつは番号が振られていたのである。

▼品川駅より南に北品川駅がある理由

日本の鉄道駅は、地名にちなんだ駅名が多い。なかには、越境駅も少なくない。越境駅とは、本来の名前の地域ではなく、隣町に設置されている駅をさす。

たとえば、目黒駅は目黒区にはなく、隣の品川区にある。その理由には諸説ある。

1つは、近くに目黒不動があったため、命名されたというもの。もう1つは、建設予定地からの変更というものだ。後者の説によると、当初、山手線は目黒川沿いに建設されるはずだったが、近隣農家からの強い反対によって東へ移動したというのだ。

品川駅もまた、越境駅の1つである。品川駅は、品川区に限りなく近いのだが、ぎりぎり港区内にある。

それは、日本ではじめての鉄道が開通した明治時代にまでさかのぼる。一般には、1872（明治5）年10月に開業した新橋～横浜間が日本初の鉄道とされているが、それより数か月前に、新橋よりも少し手前の品川～横浜間で仮開業しているのだ。

当時、宿場町である品川宿に駅を設置し、鉄道を建設しようとしたが、駅を巡って、品川宿では激しい鉄道建設反対運動が起こったという。

宿場町の住民は、鉄道によって生活が脅かされると思ったのである。

宿場町への乗り入れを拒否されたことから、線路は予定ルートを大きくそれて、内陸を通らざるをえなくなった。駅もまた、宿場町から遠くに追いやられることになった。こうして落ち着いたのが、当時、まだ小さな漁村であった現在の港区高輪《たかなわ》周辺だったのだ。

品川にはもう1つ、駅に関する疑問がある。品川から京浜急行に乗って南下すると、北品川駅に着く。品川駅の南に北品川駅……これはいったい、どういうことなのか。

北品川駅は、品川宿があった場所から北側に位置している。品川駅の南に北品川駅があるのは、品川駅を品川宿から離れたところにつくらざるをえなかったためであり、厳密にいえば、北品川のほうが大ターミナル駅の品川よりも、駅名の由来としては正しいものだ。

このように、駅名は地名よりもイメージを与える場合もあるが、その名前が正しい地名をさしているものばかりとは限らない。

ときに、私たちは間違った認識をしてしまう可能性もあるというわけだ。

コラム　品川に新幹線の新駅ができたわけ

2003（平成15）年10月1日、東海道新幹線品川駅が開業し、同時に、「のぞみ」が大増発された。ピーク時1時間あたりの本数が、のぞみ3本・ひかり6本・こだま3本から、のぞみ7本・ひかり2本・こだま3本という「のぞみ」中心のダイヤに変更されたのだ。

JR東海が新幹線品川駅開業の計画をたてたのは1990（平成2）年で、当時はバブル経済の真っ盛り。「乗客増により、近い将来、ダイヤがパンクする」

という予測から、輸送力の増強のため、品川駅開業が計画された。

だが、新幹線より飛行機を利用する人の割合が増え、状況が変わった。輸送力を増強する必要があまりなくなった代わりに、飛行機と乗客の奪い合いをするようになった。そのために、高速の「のぞみ」を増発するという新幹線の利便性を高める必要が生じたのだ。

▽学芸大学駅に学芸大学はありません

駅名に学校名を使うケースは少なくない。学校は地域にとってもわかりやすい目印だから、駅名として適切なのだろう。文教地区のよいイメージもある。東京大学、中央大学、成城学園といった有名校にちなんだ駅名なら、なおさら地域のイメージアップに及ぼす影響は大きい。また、学校の所在地がわかるというメリットもあるから、学校側としても歓迎なのは想像に難くない。

しかし、困るのは学校が移転してしまったときだ。地元の公立校の移転はほとんどないだろうが、大学だとキャンパス移転もありうる。

東急東横線の学芸大学駅付近に学芸大学はない。大学は40年も前に小金井市に移転している。しかし、駅名はそのまま現在でも使用されている。

同じ東急東横線の都立大学駅付近にも都立大学はない。こちらも1991（平成2）年に多摩ニュータウンの南大沢に移転しているが、駅名はそのままである。

移転先の地域や大学側からは、駅名を譲って欲しいという要望があるのだが、すでに親しまれている駅名が変更される予定はない。

駅名は、昔から残る地名と同じく、地域を象徴するもの。だから、地元では大学がなくなっても定着した駅名を変更することが難しくなってしまうのだ。

さらには、一度も学校が存在しないのに学校にちなんだ駅名がついているところまである。それは千葉県佐倉市の新交通システム・ユーカリが丘線の女子大駅だ。

この駅の周辺に今も昔も女子大はない。では、なぜこの駅名になったかというと、和洋女子大の移転計画があったからである。

1982（昭和57）年の同線の開通に伴い、全学部が移転するという大規模なもので、約2万坪もの土地が用意されていた。まさに、申し分のないシンボルである。かくして、ニュータウンの住民の足である路線に、女子大という駅が生まれたわけだ。

ところが、その後、景気が悪化したことで、計画は頓挫。現在は、かろうじて和洋女子大のセミナーハウスがあるだけだ。そのためすっかり、駅名が浮いてしまうカタチになっている。ここが本来の「女子大」の名に落ち着くためには、和洋女子大学の移転が改めて決まり、実行に移されるよりほかない。

いずれにしても時間がかかりそうだが、千葉県市川市の和洋女子大は、1997（平成9）年に創立100周年を迎え、国府台《こうのだい》キャンパスの整備計画を発表した。いまのところ、動く気配はないようだ。

▼「愛国駅」〜「幸福駅」、路線消滅の哀しい理由

昭和40年代が終わるころ、降って湧いたように「愛の国から幸福行きへ」という、国鉄駅の切符ブームがわき起こった。

北海道の十勝平野を走り抜ける国鉄広尾線に「愛国」という名の駅と、「幸福」という名の駅があり、国鉄が行なっていた「ディスカバージャパン」キャンペーンのブー

旅人が残した名刺や切符で埋めつくされた幸福駅

ムも手伝って、切符欲しさの観光客を大勢集めた。旅が叶わない人は、通販のように切符だけを取り寄せるほどだった。

愛国駅は、この地の開拓にあたった愛国青年団の名をとったもの。

幸福駅は、はじめ幸震《サツナイ》という現地名だったところに、福井県からの入植があって、幸震と福井の頭の文字同士を連ねて生まれた名前である。

ただの偶然から生まれた、駅名にちなむこのブームも、残念ながら広尾線の隆盛には結びつかなかった。

観光客が大挙して訪れるものの、売れたのは2駅間のチケット、あるいは、駅の入場券だけ。

ほとんどが車で駅舎に乗り付けて切符だけを買ったり、観光バスが止まって記念写真を撮るというスタイルで、実際に、列車を利用する人がいなかったのだ。

このときのブームで、脚光を浴びたものの、当時から赤字ローカル線だったこともあり、ブームが去ると、それこそバブルがはじけたように廃線になってしまった。ただ路線は消えたものの、愛国駅と幸福駅の駅舎は残され、それぞれ交通記念館、鉄道公園となり、いまでも切符が販売されている。

山と海に挟まれた神戸を走る阪神・阪急の〝仁義なき戦い〟とは？

大阪と神戸を結ぶエリアは、東西に広がる海沿い5〜6㎞の細長い平地に人口が集中している。その狭い地域の背後には六甲山地があり、山陽新幹線とJR東海道本線、ほぼ並行して阪急電鉄と阪神電鉄も走っている。全国でも数少ない3社の鉄道会社が競争する激戦区だ。とくに私鉄の2社はライバル関係として、しのぎを削っている。

この地域に最初に開通したのは、JRの前身である国有鉄道の、官鉄線である。これから遅れること30年後の1905（明治38）年に、阪神電気鉄道は、現在の東海道本線の南、つまり、海岸よりに開業した。

人口が密集している南側の地域を押さえ、サービス向上にも努めた阪神電鉄は、国有鉄道の利用者の多くを取り込むことに成功したのだった。

一方、阪神急行電気鉄道（現・阪急電鉄）は、１９２０（大正９）年に、国有鉄道よりも山側で開業させた。それほど人口の多い地域ではなかったが、高級住宅地だったことから、鉄道の利用頻度が高くて活動範囲が広い。阪急電鉄は、裕福な住民にターゲットを絞って営業を開始して、高級感のある車両でアピールを図った。

阪急電鉄の参入を面白く思わないのが、阪神電鉄である。大阪〜神戸間の足としては、国有鉄道を押さえて独走状態にあったのに、とんだ邪魔者が入り込んだというわけだ。阪神電鉄は、阪急電鉄参入の計画時から、全国中等学校優勝野球大会が開かれていた豊中グラウンドを、自社の沿線の鳴尾運動場に変更させたりと妨害を試みたが失敗に終わってしまった。

こうした経緯から、当然両社の関係は悪く、開業後はその勢いを増していく。

たとえば、ある駅名から双方の敵対関係を察することができる。

両社には、まったく別の地域ではないながらも、明らかに離れた場所に、同じ「御《み》影《かげ》」という駅が存在するのだ。どちらも地名にちなんで名づけられているのだが、両駅は徒歩で20～30分ほども離れている。通常、利用客のことを考えれば、混乱を招かないよう同名の駅は避けるものだ。

しかし、御影駅の場合は違った。

阪急が「御影」駅をつくった際に、かつてのライバル関係の仲で、阪急は一歩も譲る気はなかったため、駅名に「阪急」の名を冠せず、「御影」駅としたのだ。

両駅は周囲の環境や雰囲気も違うため、地元住民はなんとか支障なく利用できるという。とはいえ、利用客にとって不親切であることは明白であり、その原因は両社の意地の張り合いにほかならないのである。

コラム

違う名前で近い駅　同じ名前で遠い駅

同じ駅名で遠い駅があるかと思えば、違う駅名なのに極めて、近い駅もある。

関東の場合、山手線田町駅と都営三田《みた》線の三田駅、同じく都営線の大門《だいもん》駅とJRの浜松町駅があげられる。ほかにも、東武伊勢崎線の越谷駅とJR武蔵野線の南越谷駅、同じく武蔵野線の北朝霞《きたあさか》駅と東武東上線の朝霞台《あさかだい》駅は車内で乗り換えがアナウンスされるほど近い。ＪＲ同士でも近い駅があり、横須賀線の新川崎駅と南武線の鹿島田《かしまだ》駅は３００ｍ程度しか離れていない。

私鉄王国と呼ばれる関西では、私鉄各社がさほどＪＲとの接続を意識しておらず、ターミナル駅同士で駅名が違ったりする。私鉄・地下鉄の梅田駅とＪＲの大阪駅、近鉄の大阪阿部野橋駅とＪＲの天王寺駅が乗り換え駅なのは有名だ。

また、ＪＲの芦屋駅と阪神の芦屋駅、阪急の嵐山駅と京福電鉄の嵐山駅など、同じ駅名であっても、ある程度、離れている駅は他にもある。

▽なぜですか？　そっくりな駅が日本と中国にあるのは

上野駅は、早くから日本の鉄道の歴史に登場し、今もなお活躍するターミナル駅の１つである。開業当初の駅舎は関東大震災で焼失したため、コンクリート建築に改築された。さらに現在の姿になるまでには、増改築が繰り返されており、いつもどこかで工事中というイメージを持つ人もいるだろう。

しかし、正面入口の回廊に囲まれたホールに行けば、宮殿のように壮大で、優雅なコンクリート建築のすばらしさを感じさせてくれる。柱につけられたアンティークならではの味のある照明やゆるいカーブを描いた天井装飾の美しさは、初代駅舎から2代目に変わった昭和初期を思い起こさせる。この上野駅によく似た駅が中国にある。

当時の日本は、軍国主義の真っ只中。その後、大陸に侵略し、満州に傀儡《かいらい》政権をたてる。その下で中国東北部に南満州鉄道が建設された。

その玄関口となっていたのが大連《だいれん》駅である。太田宗太郎によって設計された駅舎は、上野駅に似せた鉄筋コンクリート造りであった。駅舎は1937（昭和12）年に竣工され、その3年前から運行を開始した特別急行列車「あじあ号」などの発着駅として利用された。

この列車は大連から長春《ちようしゆん》までの701・4㎞を結んでいた。「あじあ号」では、専用の高速蒸気機関車の牽引によって、表定速度（停車も含めた平均速度）は時速82・5㎞、所要時間は8時間30分に設定されていた。当時、アメリカでも珍しかった、空調も備えた世界最高水準の列車だった。

その世界最高水準の列車にふさわしい風格のあった駅舎は、その後、建て替え計画が持ち上がるものの、歴史的建造物として保存されることになった。

上野駅と大連駅は同時代に誕生しているうえ、大連駅は上野駅をモデルにしていることから建築デザインや構造面でも共通点が多い。さらに多くの人々で賑わう駅舎としての役割を担い、今も活躍していることからすると、その存在自体も似ているといえよう。海を隔てた両駅が、姉妹駅の間柄にあるのも十分納得できる。

▽ビールの名前が駅名になった恵比寿駅

駅を新設し、駅名をつける場合、その地域の地名からつけられる場合が多い。

JRの山手線と埼京線、東京メトロの日比谷線の駅である恵比寿《えびす》駅。周辺一帯も恵比寿という住所になっているから、駅名は地名にちなんで命名された――のではない。じつは、駅名が命名されてから、地名が恵比寿となった珍しいケースなのだ。由来となったのはおなじみ、ヱビスビールだった。

1887(明治20)年に設立された、サッポロビールの前身、日本麦酒醸造会社は、現在の目黒区の三田《みた》に醸造所を設立した。その後、１９０１（明治34）年に同社の製品ヱビスビールを出荷する貨物専用駅として開設されたのが恵比寿停車場である。

現在の駅に相当する停車場の名前は、このとき商標名をカタカナから漢字に変えてつけられたのだ。

貨物駅として始まった恵比寿駅は、１９０６（明治39）年、一般旅客駅へと変わる。しかし、サッポロビール恵比寿工場の出荷拠点として貨物の運行も続いていた。

その後、関東大震災を経て、東京の街が再編されたときに、「恵比寿」が地名として使われはじめる。すでに、恵比寿という名称が周辺地域に根付いていたのだろう。

恵比寿駅は、第二次世界大戦中に、ビール製造の中断を余儀なくされるものの、戦後に復活すると、貨物駅としてビールを出荷し、再び活躍し始めた。ところが、鉄道輸送からトラック輸送へと時代が変わっていく中で、貨物駅は廃駅となってしまった。

その後、恵比寿工場は廃止されたが、恵比寿駅は、ヱビスビールとともに歩んでいたといっても過言ではないだろう。周辺地域も巻き込んで、地名までも変えてしまったのだから……。

そして今、再開発で恵比寿ガーデンプレイスなどが立つ恵比寿駅周辺は、有名店が集まり、「住みたい街」としても人気を集めており、「恵比寿」はブランド力のある街としても知られるようになったのである。

ちなみに、北海道にはサッポロビール庭園という駅があるが、サッポロビールは、言わずと知れた北海道の地名に由来する。恵比寿のように商品が先にあったのではないのでご注意を。

▽階段を280段も降りなければ電車に乗れない駅がある

JR北陸本線は、福井県の敦賀《つるが》港と大阪、名古屋とを結ぶ官鉄線として計画された。この路線の建設が始まったのは、1880（明治13）年のこと。福井県敦賀～滋賀県長浜間が最初に着手され、9年後に開通した。福井、富山、新潟方面への延伸が着工されたのは4年後の1893（明治26）年。

本来ならば、さらに山々に長いトンネルを掘るのが列車の運行には安全な方法だったのだが、大変な技術と多大な建設費が必要とされることと、東海道線に比べ、日本海側の輸送量は多いと思われていなかったことから、多額の費用を投じることも困難だった。そのため、地形に逆らわないように山を避けて、線路が敷かれたのである。そして、ようやく１９１３（大正２）年に、米原《まいばら》～新潟県直江津《なおえつ》間が開通した。

戦後、高度経済成長時代とともに北陸地方の輸送需要が伸び、昭和30年代ごろから電化、複線化の工事が始まった。同時に難所を改良する工事も並行して行なわれ、１９６９（昭和44）年に、新潟県の糸魚川《いといがわ》～直江津間の改良工事をもって北陸本線すべての電化、複線化が終了した。

このように、はじめに難所を抱えたルートのまま駅を建設して開業し、その後大幅な変更を行なったことから、変わった副産物が生まれた。それが、トンネルの中の筒石《つついし》駅である。

かつて、この駅は、地すべりの災害にあってきた。日本海に張り出した飛騨山脈などの北アルプス北端や西頸城《にしくびき》丘陵の険しい地形の間を、筒石川が通るという複雑な地形で、ここは屈指の難所であった。そのため、新しく線路をつくり、１万１３５３ｍにも及ぶ頸城トンネルを開通させた。

昔の路線から新しくできた路線へ各駅は引っ越していったが、筒石駅は電化・複線化と災害防止のためにトンネル内に移らざるを得なかったのである。

筒石駅の駅舎は地上にある。しかし、改札を入ると、上りホームへは２８０段、下りホームへは２９０段もの階段を下りなければならない。ホームは向かいあっている形ではなくて、上りは直江津側に、下りは糸魚川・米原側に少しずれているのだ。

現在、筒石駅は１日１００人ほどの利用客がある。そのほとんどが学生だが、珍しい構造を一目見ようと観光客も訪れている。

同駅には、危険防止のため、数名の駅員が常駐しており、変わった構造をした筒石駅の説明もしてくれるというから、機会があれば訪れてみるのも面白いだろう。

▽電車を降りたら、警備員――駅から外へは出られません

ＪＲ鶴見《つるみ》駅には、京浜工業地帯へと延びるＪＲ鶴見線が接続している。鶴見線には支線がいくつかに枝分かれしているのだが、その終着駅の１つに海芝浦《うみしばうら》駅がある。

この駅の不思議なところは、電車を降りて、改札に似た駅の出口に行くとわかる。待機しているのはＪＲ職員ではなく、警備員なのだ。

じつはこの駅は、大手電機メーカー東芝の京浜事業所の工場内にある。

そのため、駅を一歩出れば東芝の土地。つまり、東芝の関係者以外、立ち入ることができないのだ。もちろんＪＲ職員も同様である。

なぜ、ＪＲがこんなところに鉄道を設けているのだろうか。

もともと鶴見線は、周辺に工場を持つ会社の出資で設立された私鉄・鶴見臨港鉄道によって建設された。工場への通勤輸送のみを目的として運行されていたのだが、のちに国によって買収され、あとをＪＲが引き継いだ。

私鉄の名残りは沿線の駅名に残っている。

昭和電工からつけられた昭和駅、安田財閥の創始者安田善次郎からつけられた安善《あんぜん》駅など、企業名や社長の名前にちなんで命名されたものが数多くあるのだ。

こうした経緯のため、海芝浦駅が、東芝の敷地にあったとしても不思議ではない。

それにしても、従業員は職場が駅から徒歩０分とはうらやましい限りだ。

したがって、一般の人ができることは、外には出ず、ただ折り返すことだけ。切符を買うためだけでも、駅から出ることは許されない。

駅の構内に自動券売機が設けられているのはそのためだ。

しかし、すぐに引き返してしまってはもったいない。ホームを降りると眼前には東京湾に通じる京浜運河、ホームのすぐ下までが海。これほど海に近い駅も珍しい。足を運んだなら、横浜ベイブリッジや行き交う船を眺めながら、潮風に吹かれてみたい。ホームの先端には植え込みのある小さな公園がつくられており、ベンチでひとやすみできる。駅の構内だけでもけっこう楽しめそうだ。

QUIZ

日本一〝強い駅〟はどこだ？

岡山県美作《みまさか》市には、『太平記』に記される竹山城がある。ここに三代にわたって在城した新免《しんめん》氏の家臣に、宮本武蔵の父、平田無二斎《むにさい》がいた。そう、ここは、宮本武蔵出生地として知られているのだ。

現在、この地域には、智頭《ちず》急行智頭線「宮本武蔵」駅がある。開通は1994（平成6）年と、まだ新しい路線だが、人物のフルネームがそのまま駅名になったのは、全国でもはじめてのケースだった。

最初は宮本駅という案も出たようだが、イメージが弱いという理由から宮本武蔵に落ち着いたようだ。しかし、ユニークなのは駅名だけではない。

まず、駅舎は武家屋敷を思わせる木造の数寄屋造りになっており、列車から降り立ったときから鉄道ファンや宮本武蔵ファンを楽しませてくれる。駅前広場には、幼少時の武蔵がのちの恋人お通や又八と戯れる像が出迎える。

駅名に宮本武蔵の名を冠するだけあって、周辺にも、武蔵ゆかりの施設が多くある。たとえば、生誕地の碑や生家跡、姉お吟の嫁ぎ先である平尾家などの史跡がそうだ。宮本武蔵の遺骨が分骨されている墓や武蔵神社もあるし、宿泊・宴会施設を併設する資料館もある。

ほかにも、宮本武蔵オリジナルの刀のつばをデザインした武道館、宮本武蔵が活躍した江戸時代の数寄屋造りの御殿や本陣、脇本陣なども見ることができる。さらには、天然温泉や温水プールなどが楽しめるレジャー施設もあり、来訪者を退屈させない。

全体が宮本武蔵に染まっているのをみると、珍しい駅名にも納得がいく。

鉄道おもしろデータ集

ヘンな駅名

駅名	読み方	鉄道会社
南蛇井	なんじゃい	上信《じょうしん》電鉄
海の王迎	うみのおうむかえ	土佐くろしお鉄道
お花茶屋	おはなぢゃや	京成電鉄
楽々園	らくらくえん	広島電鉄
新島々	しんしましま	松本電鉄
たまプラーザ	たまぷらーざ	東京急行電鉄
嵯峨駅前	さがえきまえ	京福電鉄
増毛	ましけ	ＪＲ留萌《るもい》本線
知来乙	ちらいおつ	ＪＲ学園都市線（札沼《さつしょう》線）
大釈迦	だいしゃか	ＪＲ奥羽本線
親不知	おやしらず	ＪＲ北陸本線
ほっとゆだ	ほっとゆだ	ＪＲ北上線
及位	のぞき	ＪＲ奥羽本線
波高島	はだかじま	ＪＲ身延《みのぶ》線
後免	ごめん	ＪＲ土讃《どさん》線、土佐くろしお鉄道
夜明	よあけ	ＪＲゆふ高原線（久大《きゅうだい》本線）ほか

第6章

こーんな噂が流れてる?

風聞・デマ・ホンマ!?

▽新幹線に一週間乗り続けても、2万8300円で済むってホント？

ヨーロッパには、世界中からバックパッカーが集まってくる。彼らにとって便利なのが、乗り放題のチケット「ユーレイルパス」だ。ヨーロッパ17カ国の国鉄や、ＪＲのように民営化された旧国営鉄道の列車が利用できる。乗車日数15日の6万6５００円から、長期のものだと3か月間というチケットもある。

こうした鉄道パスは世界各国で販売されている。格安で自由に列車に乗ることができるし、言葉の不自由な国で毎回チケットを買うわずらわしさがないから、鉄道旅行に便利なのだ。

じつはこうした鉄道パスは、日本にもある。それがジャパン・レール・パスだ。ジャパン・レール・パスは、原則ＪＲ全線が乗り放題になる。新幹線「のぞみ」や寝台車は対象外だが、特急の指定席も利用でき、鉄道だけでなく、ＪＲグループのバスや国内フェリーにも使用できる。

料金は、７日間用だと、普通車用が２万８３００円、グリーン車用が３万７８００円。21日間用ですらそれぞれ５万７７００円、７万９６００円と、より格安料金で旅行が楽しめる。

ユーレイルパスがそうであるように、ジャパン・レール・パスも、外国人旅行者しか使用できない。日本に短期滞在で入国していることが求められるのである。

日本人の場合には、外国に居住しており、その国の永住権を持っているか、国外に住む外国人と結婚している人に限られている。

利用希望者は、まず引換証を購入する。

そして、自分が利用条件を満たしていることを証明することができて、はじめてチケットの購入ができるのだ。

ちなみにエリア限定版ジャパン・レール・パスもある。

ＪＲ東日本エリアにはＪＲイースト・パス。ＪＲ西日本エリアには、山陽エリアパスと関西エリアパスの２種類がある。

日本人がこれらのジャパン・レール・パスを使用する機会はあまりなさそうだが、海外から友人が来るときのためにも、覚えておいてソンはない。

▽「デパート巡り乗車券」があったってホント？

東京メトロ銀座線・半蔵門線の三越前駅は、首都圏の地下鉄で唯一、駅名に企業名のついた駅である。全国でも珍しい企業名の駅が誕生した背景には、デパートに助けられて建設が進められた銀座線の歴史がある。

銀座線のルーツとなった東京地下鉄道は、上野〜浅草間を開業するとき、松坂屋の申し出によって、ホームの骨組み以外の費用を松坂屋が負担する約束で、当初の予定になかった上野広小路《ひろこうじ》駅を開設した。

さらに、この路線に目をつけた百貨店の三越が、将来路線を延ばすとき、駅の建設費を負担する代わりに、駅の入り口とデパート店内を結んで欲しいと申し出た。

経営状態の苦しかった東京地下鉄道は、この申し出を受け、1932（昭和7）年、神田〜三越前間が開通したのである。

三越側が駅の建設費を負担してくれるというので、東京地下鉄道は、三越前駅を豪華なつくりにした。その建設費のほぼ全額にあたる46万3000円（現在の約70億円相当）を三越が負担した。

同年、東京地下鉄道は三越前からさらに日本橋を経て京橋まで延ばし、2年後には京橋～銀座間を開通させた。

このとき、日本橋駅の建設では高島屋と白木屋（現・東急百貨店）にそれぞれ26万円、22万円、銀座駅では松屋に二十数万円、建設費用を負担してもらっている。

東京地下鉄道は、デパート前に駅をつくって建設費を負担してもらうことによって、工事費用を工面し、路線を延ばしていったのである。

さらに東京地下鉄道は、日本橋まで開通した時点で、上野広小路駅～神田駅（直営の地下鉄ストアがあった）～三越前駅～日本橋駅での途中下車を認める「デパート巡り乗車券」を発売し、のちに銀座駅まで開通すると、これに銀座駅も加えた。

デパート側としては客が増えるし、東京地下鉄道としても、デパートに買物に行く客が地下鉄を使えば地下鉄の乗客も増える。客としても、1つの切符であちこちのデパートをショッピングして歩けて便利だという企画だった。

こういったデパートとの提携により、東京地下鉄道の建設は進んでいき、のちに銀座線へと発展していくのである。

▽東京駅から20分でＳＬに乗れる大穴場がある！

遊園地の汽車といえばおサルの電車のような本当に子どもだましのものもあれば、さりげなく単純だが本質は凝ったものまでいろいろ。その凝ったものの代表といえば、東京ディズニーランドのウエスタンリバー鉄道だろう。

ランドの一隅をぐるりと一周するだけという単純さではあるが、人気があり、スリルのあるアトラクションでもないので子ども連れが多く並ぶ。乗車中に緑のなかに見え隠れするのは、付近のアトラクション。

そして、それぞれのアトラクションを楽しむ人々の姿を思いがけない位置から見ていることに気づくという、大人も楽しめるものだ。

しかし、凝っているのは、そのコース設定ではない。ホンモノの蒸気機関車に引かれている点だ。

本式のアメリカンスタイルに設計されているが、製造元は日本の協三《きようさん》工業という福島県にある会社だ。

この会社は当初、軍用のＳＬ製造を請け負っていたが、終戦後には林野庁の林間鉄道用、かつての建設省や運輸省の工事現場用のほか、まだ蒸気機関車を使っていた私鉄の営業用にも蒸気機関車を製造してきた。

この技術が認められ、昭和40年代の半ば頃から、テーマパーク向けのＳＬの注文が入るようになる。最初の依頼はカナダからだった。同国の1号機関車の復元だったというから、日本より先に海外で技術が認められたようだ。

次にＴＤＬに行ったら、子どもだましと思わず、ウエスタンリバー鉄道に乗ってホンモノ志向満載のコロラド号やミシシッピ号、リオ・グランデ号を観察してみよう。

▽東京駅を赤レンガにした建築家の不安とは？

赤レンガの美しい駅舎として有名な東京駅。

この東京駅はオランダのアムステルダム中央駅を手本にしたという説があるが、この説は今日では真実ではないだろうとされている。

建築界では、まったくそのような話は伝えられていないし、東京駅建設に実際に携わった建築家、松本与作も戦後になってから聞いたと話していたというのだ。

確かに両者とも赤レンガで造られていたという共通点がある。

石造りが一般的な欧米の中で、イギリスとオランダは赤レンガを好んで使う習慣があった。また東京駅の設計を手がけた辰野《たつの》金吾《きんご》も、イギリス留学時にレンガと石を組み合わせたクィーンアンスタイルに出会い、このスタイルを好んで使っていたのだ。同じスタイルの日本銀行本館（現 旧館）の設計も、辰野が手がけたものだ。

しかし、もともと東京駅はレンガ造りの予定ではなかった。

最初の計画では、当時の最新技術、鉄筋コンクリートで造られるはずだったのだ。ニューヨークをはじめとする欧米の都市では、すでに取り入れられていた技術だ。

ところが当時、コンクリート建築は日本ではまだ実験段階。責任者の辰野も本で読んでいただけで、実物を見たことがない。そこで、わざわざ神戸まで出向いてコンクリートを使用している工事現場を見に行った。

辰野は固まる前のコンクリートを見て、あまりにドロドロしている様子から不安を覚える。そして東京に帰ると、関係者たちにコンクリートではなく鉄筋レンガ造りにすることを告げたのである。大きなプロジェクトであるだけに、万が一のことがあっ

丸の内側から見た赤レンガの東京駅

てはならない。堅実かつ、自分の得意とするレンガ様式に変更したのだ。

こうして3つのドームをもつ駅舎ができあがった。

中央は皇室専用の出入り口、左右のドームは右が入口、左が出口専用のレイアウトで、それらをつなぐように左右に長く伸びた建物は城壁のようであった。

1945（昭和20）年の空襲で、屋根と内部を焼失してから、3階建てが2階建てになり、左右のドームも現在の八角形に変わっている。

もし辰野が鉄筋コンクリートを採用していたら、東京駅はまったく違う雰囲気になっていたかもしれない。

▽いいことずくめのホームドアに不満を持つあるヒトタチとは……

駆け込み乗車は、電車でよく見かける風景の1つだ。実際に体や荷物をはさまれるなど、かなり危険な場合があるにもかかわらず、注意や警告だけではほとんど効果がないようだ。

そんな中、画期的なシステムが最近取り入れられている。それが、東京メトロの南北線をはじめ、京都市営地下鉄東西線、大阪、神戸、横浜などの新交通システムで採用されているホームドアである。

ホームドアとは、到着した電車のドアが開閉するのに合わせて、ホームにあるドアも開閉し、安全に乗降できるようにするシステム。

電車のドアが来る位置にホーム側のドアを設置して、ドアの周囲は柵を設けたりガラスの壁で囲まれており、人が入れないようになっている。

東京メトロの南北線はワンマン運転に伴ってホームドア導入を決めた。

従来は、最後尾の車掌が、状況を確認してドアを開閉したり、発車後の安全確認を

事故防止に役立つホームドア

行なっていた。

しかし、ワンマン運転では、先頭の運転士が数台の監視カメラからのモニターをもとに、その役割をも担わなければならない。

そこで、より安全性を高めるために考えられた結果、ホームドアの設置という答えにいたったのだ。

実施にあたって不可欠な条件は、電車の停車位置が正確であること。

車両のドアとホームのドアがずれてしまっては、乗客の乗降に支障が出る。これはATO（自動列車運転装置）が可能にした。

ATOは、加速や減速が自動で行なわれるのだが、駅の停車位置も定点からプラスマイナス35㎝以内と精度が高いのだ。

そして、万一車両の扉にはさまっても、ホームドア側にはセンサーがついていて、電車は動くことがないから安全だ。

また、ホームドアは電車が通るときに起こる風も防ぐことができる。ふとしたことで大惨事にもなる転落事故の防止にも有効だ。

乗客の安全が確保できれば、ホームの幅を狭くしたり、電車がホームに入るときの速度も上げられる。駅係員の削減にもつながり、交通機関側にも副次的なメリットが付随してくるのだ。

乗客と交通機関双方にいいことずくめのホームドア。

しかし、鉄道ファンにとっては不満だろう。

ホームと電車の間に壁をつくられては、電車の入線姿をカメラに収めたり、じっくりと車両を観察することができないからだ。

とくに地下鉄は、そのチャンスがホームに限られる。

鉄道ファンは「もし、ホームドアの普及が進んでしまったら……」とひそかに不安に思っているのではないだろうか。

▽都営大江戸線に幻の愛称があった!?

東京の都営地下鉄12号線として計画されたのが、現在の大江戸線。当時の営団地下鉄（現　東京メトロ）と都営地下鉄の間を縫うように、環状に都心を結ぶ。もちろん経営母体である東京都の都庁前駅もある。さらに、それまで地下鉄空白地帯だった新宿区の牛込一帯や港区の麻布方面を通り、これらの地域の便がよくなった。

そんな路線だから、路線名決定に際しては一般から公募したところ、3万通を超える応募があった。

そのなかから選考委員会が選んだのが「東京環状線」という正式名称と、「ゆめもぐら」という愛称だった。

ところが、これが石原慎太郎東京都知事の一声で覆る。

当時の新聞によれば、「『東京環状線』に知事カンカン」（1999年12月4日付朝日新聞）ということになるのだが、知事の主張は「環状線ではない」というものだった。

たしかに大江戸線は、都心をぐるりと取り囲んではいるが、都庁前駅からしっぽのように西北へ向かい、中野や練馬を経由して光が丘まで延びる路線も持つ。

つまり「6」の字を描いているのである。

知事の主張は「寝ていても、何度回っても同じところに戻ってくるのが環状であり、そうでないものは環状とは言わない」というもの。

同じ12月4日付毎日新聞で「『言葉に無神経』知事が官僚批判」と見出しにうたっているように、作家出身の知事らしい発想だった。

これを受けて、選考委員会は「東京環状線」を最優秀候補として推薦するものの、採用かどうかを改めて協議することに決めた。

で、結局は再び委員によって話し合われた結果「大江戸線」の推薦が決まった。この名の応募者は176件、全体で20位だったという。

おかげで、「『大江戸線』ならYES『ゆめもぐら』も不採用」(読売新聞)という知事の意思が通り、愛称も選考委員会での決定だけに終わった。

幻の愛称「ゆめもぐら」は日の目を見れずに、地下をぐるぐる回ることになってしまった。

▽走行中に突如、明かりが消える電車がある！

常磐線《じょうばん》は東京・上野から北へ延びるJRの路線。沿線はしだいにベッドタウン化し、通勤圏は広がり、茨城県から通う人も増えている。

そんな長距離通勤をしている人たちが経験するのが、帰宅のときの奇妙な現象。

上野を出て40分ほどで取手《とりで》に着く。東京メトロ千代田線で大手町あたりから乗り入れてきた人なら、ここで乗り換えることになる。

取手を出て間もなく、すっと車内の電気が消える。そしてすぐにまた灯る。

これは、取手と次の藤代《ふじしろ》駅との間に、架線を流れる電気の種類が異なる地点があるからだ。取手側には直流１５００ボルトの電流が流れ、藤代側には交流２万ボルト、50ヘルツの電流が流れているのである。

異なる種類の電流がぶつかるとショートするのは、理科でも習う電気の常識。ショートしてしまっては電車が止まる。

そこで「デッドセクション」という絶縁地帯が、取手と藤代の間に50ｍほどにわたって設けられている。デッドセクションの間だけ電気が来ないので、車内の明かりが消えてしまうのだった。

しかし、電気がなければ電車が動かないのでは？　という心配は無用だ。50ｍくらいなら、電車は惰性で走りつづける。

そうしているうちに、再び電流が通じて電車は走り続けることができる。

電車のほうは直流・交流どちらにも対応できるタイプが使われ、直流から交流への切り替えは、運転士がスイッチ１つで行なう。最近はそれをすら自動で処理する電車が登場しているし、照明が消えないタイプも出てきている。

直流と交流という違いが生まれたのは、直流での電化の歴史のほうが交流より古いため。

早くから電化の進んだ大都市圏はほとんどが直流である。後発になるほど、設備の簡素化、電化費用が安くなる、電気機関車の性能が向上するといった理由で交流が取り入れられている。

つまり、常磐線取手駅付近は、首都圏と新興住宅街との境目にもなっていたということでもある。

▽ＪＲ中央線、一直線で21キロを走る謎

東京を出て信州に至るＪＲ中央線は、東中野〜立川間がほぼ一直線に西へ走っている。距離にして、21・7㎞ほどもある。このぐらいの距離であれば、ふつう、どこかで曲線を持つ鉄路にしては珍しいケースである。

こんなことになった原因は、日本各地で鉄道建設が進んでいた明治時代にまでさかのぼる。

いまの中央線の母体は、１８８９（明治22）年に新宿〜八王子間に開通した36・9㎞の甲武鉄道だ。当初、甲武鉄道は江戸時代から街道として栄え、人口も多かった甲州街道沿いに鉄道を敷く予定だった。

ところが、当時はまだ馬車による交通が中心で、街道沿いの宿場町もそのおかげで栄えていたから、鉄道の開通によって町がさびれるのを恐れて建設に反対する住民が多かったのだ。

人やモノの流通が失われる、人が集まることによって風俗が乱れ、疫病《えきびょう》が流行する

とか、蒸気機関車の煙や振動が農作物や家畜、人体に悪影響を与えるといったことも反対の理由になっていた。

その猛烈な反対ぶりは、「調布宿で新撰組の子孫が刀を振りまわして測量の邪魔をする」というデマになるほどだったという。

そこで北側の青梅《おうめ》街道沿いを二番手として計画すると、こちらでも住民の反対運動にあう。そのために、しかたなく原生林ばかりだった中間地帯に鉄道を走らせる結果になったのが、いまの中央線の姿である。

似たような鉄道忌避《きひ》伝説は各地に残り、宿場町から路線がそれてしまった例として、東海道線の三島宿や知立《ちりゅう》宿も挙げることができる。

のちに鉄道の便利さがわかって、逆に誘致運動が政治に持ち込まれるようになる時代が来るなど、考えも及ばない時代の話である。

▽貨物用新幹線をつくる計画もあった！

東京オリンピック開催に合わせて開業した東海道新幹線は、見事に国鉄の稼ぎ頭に成長した。「夢の超特急」と安全神話は、今でも世界が範とする鉄道である。

ただ、意外に知られていないが、新幹線の計画が進行していたとき、コンテナ貨物列車も同時に走らせる案が進行していた。

計画通りに、車体デザインが描かれ、試験用の車両まで造られていたという。

このときの計画によれば、時速150kmで走り、東京～大阪間を5時間30分で結ぶとされていた。残されたデザイン画を見ると、電車に四角いコンテナが積まれている姿はトレーラートラックのようなスタイル。別の表現をすれば運転席が青虫の頭で、コンテナの一つひとつが頭に続く節の部分といった印象である。

機関車が貨車を牽引する当時の貨物列車のスタイルからすれば、画期的といえる。

しかし、ここまでプランを練っているように見えるのも、じつはポーズにすぎなかったという説が有力である。

というのは、当時の鉄道は、世界共通の認識として、旅客と貨物の両方を運ぶ輸送手段だったからだ。

世界銀行からの融資を確実に受けられるようにするため、旅客だけではなく、貨物も扱うというポーズを、装ったというのが真実らしい。

また実際に貨物対応にするつもりだったとしても、工事が始まれば建設費が大幅な予算不足となるのと、在来線と、貨物との乗り入れが不可能では採算が合わないと、計画が切り捨てられていたことは間違いない。

▼夜行列車「ムーンライト」は今も青春世代の強い味方か？

旅好きだけれど、お金に余裕がない若者たちの強い味方になっているのが、「ムーンライト」と呼ばれるＪＲの夜行列車。

深夜に東京を出る「ムーンライトえちご」（新宿〜新潟・村上）や「ムーンライトながら」（東京〜岐阜・大垣）がよく知られているが、臨時列車として京都から出雲や松山、博多へ向かうものもある。

かつて東京駅を午前０時近くに発車する大垣行き普通列車が、出張のサラリーマンや帰省する学生でにぎわったが、いまやＪＲの人気列車にまで成長した。

その名の通り、「ムーンライト」と冠がつき、停車駅が特急並みに少ないが、ＪＲの編成上では快速扱いのため、特急料金はかからず、料金的におトクな列車である。

さらに、JRの普通列車（快速含む）なら丸1日乗り放題になる「青春18きっぷ」と組み合わせれば、非常に安く、かなりの範囲を旅行することができる。

「青春18きっぷ」は5日分がセットになっていて、料金は1万1500円。

指定席に乗る場合、その料金は払わなければならないが、5日分を一人で使うことも、仲間で分け合うことも可能で、1日当たり2300円でかなりの距離が移動でき、格安の旅が実現できる。

「18きっぷ」とはいうものの、これは年齢を限定するものではなく、30歳を過ぎたって、使ってかまわない。最近は40代50代の熟年層の利用が増えているという。

ただ「青春18きっぷ」で注意が必要なのは、春・夏・冬の限定販売であることと、23時台の発車が多い「ムーンライト」系に乗る場合、午前0時を過ぎた最初の駅までの通常の乗車券を用意しておかないと、乗ったとたんに2日分を消費してしまうこと。

通常の「ムーンライトながら」の場合、車両は特急用車両が使われ、乗り心地・寝心地も悪くないし、そうでなくてもリクライニングシートが使われていることが多い。

ただ愛用者が多く、売り出される学生の休暇シーズンは、希望が殺到して、指定席券が発売日に売り切れてしまうほど。それでも試してみる価値のある列車だ。

コラム 青春18きっぷでどこまで行ける?

各駅停車や快速列車なら、丸1日乗り放題の「青春18きっぷ」。朝から晩まで乗り続けるとどこまで行けるのだろうか。

東京から北へ向かうと青森まで行ける。上野発の始発電車に乗れば、18きっぷ1枚で青森駅まで行けるのだ。西は九州まで行ける。早朝、東京駅を出発するとテーマパーク、スペースワールドがある北九州市のスペースワールド駅まで行くことができる。大阪から東に向かう場合、東京を越え、杜の都仙台まで行くことができる。むろん、どこまで行っても料金は変わらない。

▽竜宮城スタイルの片瀬江ノ島駅は「どうせすぐ壊されるから」派手になった!?

夏には多くの人が訪れる湘南《しょうなん》江の島。砂浜へもすぐというロケーションに、色鮮やかな中国風の建物がある。中国の寺院の山門のような朱色のアーチ、軒先のそり返った緑色の屋根の先には黄色い沓形《くつがた》……。

おとぎばなしの『浦島太郎』の竜宮城のイメージといえばよいだろう。

これは小田急江ノ島線の終点、片瀬《かたせ》江ノ島駅である。目を惹《ひ》く建物が駅であるだけでも十分インパクトがあるのだが、このデザインは1929（昭和4）年の駅開業以来変わっていないというから、さらに驚かされる。戦前の風潮を考えると、今、同じようなデザインの駅を建てるよりもどれだけハードルが高かったことか。

じつはこの駅、当初は仮駅舎として鉄道省から認可されていたものだった。

つまり、すぐ取り壊すことができる仮のものとして許可されていた駅だったのだ。だから、「取り壊されるのなら夢のある楽しいものにしよう」と考案され、「どうせ壊されるのだから」という理由で許可されたのだろう。

しかし、なぜ仮駅舎だったのか――。

当時、片瀬江ノ島駅周辺の路線免許を持っていたのは、東海土地電気株式会社であった。同社は大船《おおふな》から辻堂《つじどう》を経て茅ヶ崎《ちがさき》へいたる路線建設を計画していた。計画が実現すれば、片瀬江ノ島駅付近で小田急と路線が交差する可能性が高かった。

その場合、免許を持つ会社の駅を優先するルールだった。

免許を持たない小田急にとって、片瀬江ノ島駅は壊される可能性が高かったのだ。

しかし、小田急は、次の理由によって駅が残ることを確信していたかもしれない。

東海土地電気は、資金不足で鉄道を建設、開業する見込みはなかったし、小田急の開業から半年以内には有効期限がきて、路線免許が失効することになっていたのだ。

つまり、書類上、仮建物建築として認可を取得しておいて、半年待てば、本建設建物として認められることを小田急側は知っていたのではないか、ということだ。

この駅の建設に1万8000円（現在の金額で十数億円か）という巨額を投じたのも、取り壊されないことを見越してのことだったと推測することもできる。

こうして竜宮城に似た片瀬江ノ島駅は湘南名物になり、一時は周辺の食堂や店舗をも竜宮城スタイルに巻き込むほどであった。同駅は、偶然と小田急の遊び心のたまものなのだ。

快適なリクライニングシートはＧＨＱの命令で取りつけられた

新幹線や特急列車では、たいてい背もたれを後ろに倒せるリクライニングシートになっている。

このリクライニングシートを日本の鉄道に取り入れたのは、意外にもＧＨＱ（占領軍総司令部）だった。それも、連合軍総司令部民間運輸局（ＣＴＳ）の部長であったドナルド・Ｒ・シャグノン中佐なのである。彼は日本の鉄道を「マイ・レールロード」と言い放ち、とにかく無理難題を押しつける人物であった。

１９４９（昭和24）年春、シャグノンは、外国人観光団受け入れのため、二等車にリクライニングシートを採用するよう、国鉄に勧告した。

だが、当時の国鉄には、リクライニングシートを知っている人がほとんどいなかった。つくれといわれても、どんなものかわからない。

そこで、シャグノンは、わざわざ母国アメリカからカーペン社のリクライニングシートの設計図を取り寄せ、国鉄に渡した。

国鉄は、この設計図をもとに、日本の車両に合わせて開発し、翌年春、リクライニングシートの特別二等車「スロ60形式」を30両製作。東京〜大阪間を走る特急「つばめ」と特急「はと」に連結したのである。

このリクライニングシートは、外国人観光団だけでなく日本人乗客にもたいへん好評で、当時の車両業界の注目を集め、その後、多くの特急に採用されるようになった。もしもシャグノン中佐がいなければ、日本の鉄道にリクライニングシートが採用されるのはもっと遅れただろう。皮肉にも、横暴な人物と悪評高かった軍人のおかげで、快適な列車旅が実現したのである。

QUIZ

行くだけでやせられる駅はどこ?

このところ、地方の駅では、地元にちなんだ村おこしならぬ「駅おこし」がさかんだ。そんな駅のひとつに行くだけで簡単にやせられるという駅がある。宮崎県を走る高千穂鉄道の細見《ほそみ》駅だ。

駅名の細見と細身をかけて、駅構内に細身に見える鏡を設置している。この鏡、凸面鏡のため、鏡に映る自分の姿が細く見えるようになっているのだ。

また、お化けが出るという噂がある駅もある。JR境《さかい》線の米子駅だ。ここにはゼロ番線ならぬ霊番線がある。

この路線は「ゲゲゲの鬼太郎」で有名な水木しげるの出身地・境港《さかいみなと》市に向かう路線。観光客誘致のために、ゼロ番線を霊番線と変え、駅に全国の妖怪マップをつくった。今後は米子〜境港間の全駅に「ゲゲゲの鬼太郎」の妖怪たちがお目見えする予定だ。

さらにカッパが出るといわれているのが２００２（平成14）年に開業した土佐くろしお鉄道「ごめん・なはり線」の和食《わじき》駅。

近くを流れる和食川にカッパ伝説があり、アンパンマンで知られる地元高知県出身のまんが家・やなせたかしさんがデザインした「わじきカッパ君」がいるのだ。ごめん・なはり線では、やなせさんがその土地の特長をもとに全駅のキャラクターを自らデザインした。

たとえば、高知空港の近くにある立田《たてだ》駅ではスチュワーデスをモデルにした「たてだそらこちゃん」、ナスビのビニール栽培が盛んな穴内《あなない》にある穴内駅では「あなないナスビさん」、といったぐあいに全駅でかわいらしいキャラクターが出迎えてくれるのだ。

鉄道おもしろデータ集

変わったきっぷ

ポスター大の日本一大きい記念乗車券

秩父鉄道から、03年のひろせ野鳥の森駅開業を記念して、限定発売された。大きさは72.8cm×103cm。

ペットボトルの形をしたフリー乗車券

03年の野毛大道芸を記念して、横浜市営地下鉄が発行。横浜駅から伊勢佐木長者町《いせざきちょうじゃまち》を自由に乗り降りできる。

おひな様キップ

信楽高原鉄道が04年に限定発売。キップは信楽焼でできており、おひな様が描かれている。

変わった列車

ソムリエ同乗でワインが飲める電車

岳南鉄道ではイベントとして、夏はビール、秋はワイン、冬はきき酒ができる列車を運行。ワイン電車では、ソムリエが同乗する。

自転車を運べるサイクルトレイン

近江鉄道は、自転車を運べるサイクルトレインを運行。利用可能なのは彦根と水口石橋を除く、近江鉄道本線と多賀線の駅。持ち込み料はかからない。

秋の訪れを告げる「鈴虫列車」

津軽鉄道では、1986年から、秋の訪れを告げる鈴虫列車を運行している。

がいこつ姿の車掌が検札をする「お化け列車」

神岡鉄道では、毎年、夏にお化けをモチーフにした列車を運行。恐怖感を演出した車内でがいこつのお面をかぶった車掌が検札をする。

床がガラスになっていて、下がのぞける列車

ＪＲ四国のトロッコ列車「瀬戸大橋トロッコ号」は、床の一部がガラスになっており、下がのぞけるようになっている。瀬戸大橋を渡るとき、真下に海を眺めることができる。

★主な参考文献

『列島快走　へんな列車!?』所沢秀樹、『運転士裏運転手帳』奥西次男、『鉄道の疑問がわかる本』二村高史・宮田幸司、『新線鉄道計画徹底ガイド新幹線編』川島令三（以上山海堂）／『読む・知る・愉しむ鉄道の歴史がわかる事典』浅井建爾、『東京の鉄道がわかる事典』武田忠雄（以上日本実業出版社）／『よくわかる鉄道知識』『鉄道マニアの常識』伊藤久巳、『通勤電車もの知り百科』岩成政和（以上イカロス出版）／『タイムスリップ山手線』巴川享則・三宅俊彦、『箱根の鉄道１００年』市川建三（以上大正出版）／『私鉄探訪60年』和久田康雄、『新・列車名大研究』大久保邦彦、曽田英夫、『鉄道ライバル物語　関東ＶＳ関西』三好好三、『日本の駅舎』杉崎行恭（以上ＪＴＢ）／『鉄道「歴史・地理」なるほど探検ガイド』川島令三、『鉄道なんでも日本一』櫻田純（以上ＰＨＰ研究所）／『時刻表の謎』三宅俊彦、『時刻表雑学百科』佐藤常治、『日本の鉄道むかしむかし』おの・つよし（以上新人物往来社）／『地下鉄の時代』藤本均（たちばな出版）／『日本の鉄道なるほど事典』種村直樹（実業之日本社）／『汽車旅雑学おもしろノート』所沢秀樹（有楽出版社）／『汽車弁駅弁旅の味』林順信、『定刻発車』三戸祐子（以上新潮社）／『山手線の東京案内』木本淳（批評社）／『新幹線の謎と不思議』『鉄道・車両の謎と不思議』梅原淳、（以上東京堂出版）／『日本の鉄道１２０年の話』『日本の鉄道ことはじめ』沢和哉（以上築地書館）／『日本全国ユニーク列車の旅』中村薫（文芸社）／『鉄道ひとつばなし』原武史、（講談社）／『新幹線事情大研究』川島令三（草思社）／『全線ガイド　北海道列車の旅』矢野直美（北海道新聞社）／『鉄道システムへのいざない』富井規雄（共立出版）／『駅の旅物語』「鉄道の日」関東実行委員会（人文社）／『小田急物語』生方良雄（多摩川新聞社）／『東京大都市圏・京阪神圏駅別乗降者数総覧２００４』（エンタテインメントビジネス総合研究所）／『鉄道未来地図』川島令三（東京書籍）／『日本の私鉄なんでも読本』森彰英（日本能率協会マネジメントセンター）／『日本の私鉄１０９』小川金治（山と溪谷社）／『鉄道メカ博士』川辺芭蕉（自由国民社）／『日本の鉄道　成立と展開』野田正穂・原田勝正・青木栄一・老川慶喜（日本経済評論社）／『図説沖縄の鉄道』加田芳英（ボーダーインク）／『写真と地図で読む！　帝都東京地下の謎』秋庭俊（洋泉社）／『鉄道ものしりなんでも百科』小林嬌一（西東社）／『資料・日本の私鉄』和久田康雄（鉄道図書刊行会）／『図解雑学　日本の鉄道』西本裕隆（ナツメ社）／『鉄道物語　はじめて汽車に乗ったあの日』佐藤美知男（河出書房新社）／『ローカル線ひとり旅』谷川一巳（光文社）／『お召し列車』持田昭俊（人類文化社）／『一度は乗りたい鉄道〈１９９９年度版〉』松本典久・中井精也（並木書房）／『路面電車』和久田康雄（成山堂書店）／『鉄道おもしろ博物館』佐藤常治（大陸書房）／『連合軍専用列車の時代』河原匡喜（光人社）／『鉄道の旅１００選』南正時（淡交社）／ほか

★写真提供

株式会社毎日新聞社／株式会社ジェイアール西日本コミュニケーションズ／株式会社ＪＲ九州エージェンシー／津軽鉄道株式会社／沖縄県公文書館／箱根登山鉄道株式会社／駅の宿ひらふ／帯広百年記念館

本書は、本文庫のために書き下ろされたものです。

眠《ねむ》れないほど面白《おもしろ》い鉄道雑学《てつどうざつがく》の本《ほん》

著者　ライフサイエンス
発行者　押鐘冨士雄
発行所　株式会社三笠書房
〒112-0004 東京都文京区後楽1-4-14
電話　03-3814-1161（営業部）03-3814-1181（編集部）
振替　00130-8-22096　http://www.mikasashobo.co.jp
印刷　誠宏印刷
製本　宮田製本

 ISBN4-8379-6293-9　C0130

王様文庫

王様文庫

眠れないほどおもしろい雑学の本

J・アカンバーク
野中浩一［訳］

あくびはなぜ伝染するの？　「あっ、これはどこかで見たことある」という気がするのはなぜ？　人間はなぜ眠らなければならないの？　この質問に答えられますか？　わかっているつもりが、じつは知らない。身近な「不思議」が楽しくなる雑学読本。今夜、あなたはもう眠れない……。

ワルに学ぶ「実戦心理術」

ライフビジョン21

怠け者なのに認められる、失敗しても上司に気に入られる、口べたなのに話の中心にいる――ビジネスで恋愛で成功する人が実践している、心理を見抜き人を操る、驚くべき世渡りのワザがすべてわかります！

「55の不思議」で読む　世界地図の楽しみ方

ライフサイエンス

太平洋が「太」で、大西洋が「大」なのはなぜ？　北極と南極はどっちが寒い？　世界で最も高い木が生える場所はどこ？　黒いオーロラがあるのを知っている？　イスラムでは日没が一日の始まり!?　海、山、川、国、町、国境線……思わず地図に目をこらす、「不思議」ネタが満載！

「55の不思議」で読む　日本地図の楽しみ方

ライフサイエンス

静岡県が「日本の標準」と言われるのはなぜ？　熊野神社が全国各地にある理由は？　横浜は「中華街」なのに、神戸はなぜ「南京町」？　――日本地図に隠された不思議を徹底解明。地理も歴史も楽しめる、おもしろ知識が満載。あなたの知らない日本がここにある！

K40002